SOMME THÉOLOGIQUE

DE SAINT THOMAS D'AQUIN.

TEXTE LATIN, TRADUCTION DE M. DRIOUX ET CELLE DE M. LACHAT

(EXTRAITS ORDONNÉS PAR LA COUR.)

SOMME THÉOLOGIQUE

TRADUCTION DE M. DRIOUX, CELLE DE M. CARMAGNOLLE ET CELLE DE M. LACHAT

(CONFRONTATION POUR LE PREMIER EXTRAIT ORDONNÉ PAR LA COUR).

NOTA. — 1° L'avocat de M. Belin a proclamé M. Carmagnolle, un traducteur modèle, libre, indépendant, consciencieux, qui n'a pas emprunté le moindre mot à ses devanciers. Eh bien, l'on verra par la confrontation des textes, que M. Carmagnolle se rapproche beaucoup plus de M. Drioux que M. Lachat.

2° Les phrases qu'on va lire présentent dans l'Extrait à peu près le même ordre que dans la SOMME : elles n'ont pas été choisies d'une manière arbitraire, tantôt dans un passage, tantôt dans un autre; mais on a suivi dans la transcription la marche de l'original, en ne faisant que de rares omissions.

PREMIÈRE PARTIE, — QUESTION I.

DÉFINITION DE LA THÉOLOGIE.

ARTICLE III.

LA THÉOLOGIE EST-ELLE UNE SCIENCE UNE? (SUITE).

M. Drioux (vol. 1, page 14).

Il faut répondre que la doctrine sacrée est une science qui est une.

Car l'unité de puissance et d'habitude ne doit pas être considérée d'après l'objet matériellement compris, mais d'après sa raison formelle.

Ainsi, l'homme, l'âme et la pierre peuvent être réunis sous une seule raison formelle, si on les considère par rapport à la couleur, qui est l'objet de la vue.

Il faut répondre au *premier* argument, que l'enseignement sacré ne traite pas de Dieu et des créatures au même titre.

Il s'occupe de Dieu principalement, mais il ne traite des créatures qu'autant qu'elles se rapportent à Dieu, comme à leur principe et à leur fin.

M. Carmagnolle (vol. 1, page 22).

Je réponds qu'il faut dire que la doctrine sacrée est une science qui est une.

Car l'on ne doit pas considérer l'unité de puissance et d'habitude d'après l'objet sous le point de vue matériel, mais d'après sa raison formelle.

C'est ainsi que l'homme, l'âme et la pierre se ressemblent sous l'unique raison formelle du coloré, qui est l'objet de la vue.

Il faut répondre à la première difficulté que la doctrine sacrée ne s'occupe pas également de Dieu et des créatures ;

mais elle s'occupe de Dieu principalement, et des créatures selon qu'elles se rapportent à Dieu comme à leur principe ou à leur fin.

M. Lachat (vol. 1, pages 10-14).

Il faut dire ceci :

L'unité d'une science se juge d'après son objet considéré, non matériellement, mais dans ses rapports formels;

ainsi la perspective est une, parce que l'homme, le cheval et la pierre se rencontrent dans les rapports formels des couleurs, qui sont l'objet de la vue.

Je réponds aux arguments : 1° la théologie ne traite pas également, au même titre, de Dieu et des créatures :

elle traite de Dieu comme de son objet principal, et des créatures comme se rapportant à Dieu.

M. Drioux (vol. 1, page 44).

Il faut répondre au second, que rien n'empêche que les puissances ou les habitudes inférieures ne soient diverses relativement aux choses qui relèvent également d'une puissance ou d'une habitude supérieure, parce que la puissance ou l'habitude supérieure embrasse l'objet sous une raison formelle plus universelle.

C'est ainsi que l'objet du sens commun est le sensible, qui comprend en lui ce que perçoivent l'ouïe et la vue.

Par conséquent le sens commun, par là même qu'il ne forme qu'une puissance, s'étend à tous les objets qui sont du domaine des cinq sens.

ARTICLE IV.

La théologie est-elle une science pratique?

1. Il semble que la théologie soit une science pratique.

Car toute science pratique a pour fin l'action, d'après Aristote.

Mettez en pratique la parole de Dieu, et ne vous contentez pas de l'écouter.

2. La science sacrée se divise en deux parties, l'ancienne et la nouvelle loi.

Or, la loi appartient à la morale qui est une science pratique.

M. Carmagnolle (vol. 1, page 13).

Il faut répondre à la seconde difficulté que rien n'empêche que les puissances ou les habitudes soient diverses par rapport aux matières qui appartiennent toutes à une seule puissance ou habitude supérieure, parce que celle-ci comprend l'objet sous une raison plus universelle;

c'est ainsi que l'objet du sens commun est le sensible qui comprend tout ce qu'on peut voir et entendre,

et par conséquent le sens commun, puissance qui est une, s'étend à tous les objets des cinq sens.

ARTICLE IV.

Si la doctrine sacrée est une science pratique.

Il semble : 1. Que la doctrine sacrée soit une science pratique;

car la fin de la science pratique est l'opération d'après le philosophe.

« Ayez soin de mettre en pratique la parole divine, et ne vous contentez pas de l'écouter. »

2. La doctrine sacrée se divise en loi ancienne et en loi nouvelle.

Or, la loi se rapporte à la science de la morale, qui est une science pratique.

M. Lachat (vol. 1, pages 10-14).

Les diverses matières qui diversifient les sciences inférieures, peuvent tomber réunies sous le domaine d'une science supérieure, parce que cette science les considère sous un aspect plus général et d'un point de vue plus élevé :

ainsi la physique réunit l'objet de la perspective, celui de l'acoustique, de la mécanique, etc.

(Ce qu'on vient de lire.)

ARTICLE IV.

La théologie est-elle une science purement pratique?

Il paraît que la théologie est une science purement pratique.

1. La pratique a, suivant Aristote, l'action pour fin.

« Observez la parole, et ne l'écoutez pas seulement. »

2. La théologie traite, comme en deux parties, de la loi ancienne et de la loi nouvelle.

Or la loi appartient à la morale, qui est une science purement pratique.

M. Drioux (vol. 4, page 45).

Donc la théologie, ou la science sacrée, est une science pratique.

Mais c'est *le contraire*. Toute science pratique a pour objet les choses que l'homme peut faire.

Ainsi, la morale s'occupe des actes humains, et l'architecture des édifices.

Or, la science sacrée traite principalement de Dieu, dont les hommes eux-mêmes sont les œuvres.

Elle n'est donc pas une science pratique, mais plutôt une science spéculative.

Il faut répondre que la science sacrée embrasse, sans détruire son unité, comme nous l'avons dit, tout ce qui se rapporte aux diverses sciences philosophiques,

parce qu'elle les envisage toutes sous une même raison formelle, c'est-à-dire selon que la lumière divine nous les fait connaître.

C'est pourquoi, bien que dans les sciences philosophiques, les unes soient spéculatives et les autres pratiques, la doctrine sacrée les comprend l'une et l'autre en elle, comme Dieu se connaît lui-même de la même science qu'il connaît ses créatures.

Cependant la théologie est plus spéculative que

M. Carmagnolle (vol. 4, page 84).

Donc la doctrine sacrée est une science pratique.

Mais c'est le contraire; car toute science pratique a pour objet les choses que l'homme peut opérer.

Ainsi la morale s'occupe des actes humains, et l'architecture des édifices.

Tandis que la doctrine sacrée traite principalement de Dieu, dont les hommes sont plutôt eux-mêmes les œuvres.

Donc la doctrine sacrée n'est point une science pratique, mais elle est bien plus une science spéculative.

Je réponds qu'il faut dire que, comme nous l'avons déjà observé, la doctrine sacrée, tout en conservant son unité, s'étend aux choses qui sont du domaine des sciences philosophiques,

en les considérant sous une raison formelle, c'est-à-dire en tant qu'on peut les connaître par la lumière divine.

D'où il suit que, quoique parmi les sciences philosophiques, les unes soient spéculatives et les autres pratiques, la doctrine sacrée embrasse les unes et les autres de la même manière que, par la même science, Dieu se connaît lui-même, ainsi que les effets produits par sa puissance.

Elle est néanmoins plus spéculative que prati-

M. Lachat (vol. 4, pages 40-44).

Donc la théologie est une science purement pratique.

Mais toute science pratique traite des choses que fait l'homme,

par exemple la morale des actes humains et l'architecture des édifices.

Or la théologie traite principalement de Dieu qui, certes, n'est pas l'ouvrage de l'homme.

Donc la théologie n'est pas une science purement pratique.

Il faut dire ceci : La théologie embrasse, tout en restant une, ainsi que nous l'avons vu, les divers objets des sciences philosophiques,

parce qu'elle les considère tous sous le même rapport formel, comme relatifs à la révélation.

Si donc la philosophie a deux parties, l'une spéculative et l'autre pratique, la théologie les réunit également dans son domaine en les envisageant sous le même point de vue, tout ainsi que Dieu connaît d'une même science et son être et ses œuvres.

Cependant elle est plus spéculative que pratique,

M. Drioux (vol. 1, page 15).	**M. Carmagnolle** (vol. 4, page 15).	**M. Lachat** (vol. 1, page 42).

pratique, parce qu'elle s'occupe plus principalement des choses divines que des actes humains.

La réponse aux objections est par là même évidente.

que, parce qu'elle s'occupe plus principalement des choses divines que des actes humains.

Et par là est évidente la réponse aux difficultés.

car elle fait des choses divines l'objet principal de ses investigations.

Ces observations renferment la réponse aux arguments.

ARTICLE V.

La science sacrée est-elle plus noble que les autres sciences ?

1. Il semble que la science sacrée ne soit pas plus noble que les autres sciences.

Il faut répondre que cette science qui est spéculative sous un rapport et pratique sous un autre, surpasse toutes les autres sciences, tant spéculatives que pratiques.

En effet, parmi les sciences spéculatives, l'une peut l'emporter sur l'autre, soit en raison de sa certitude, soit en raison de la dignité de son objet.

Sous ce double rapport, la science sacrée est supérieure à toutes les autres sciences spéculatives.

Elle l'emporte d'abord pour la certitude, parce que les autres sciences ne doivent leur certitude qu'à la lumière naturelle de la raison humaine qui est faillible, tandis que la science sacrée tire sa certitude de la lumière de la science divine qui est infaillible.

ARTICLE V.

Si la doctrine sacrée est plus noble que les autres sciences.

Il semble : 1. Que la doctrine sacrée ne soit pas plus noble que les autres sciences.

Je réponds qu'il faut dire que la doctrine sacrée, spéculative sous un rapport et pratique sous un autre, est supérieure à toutes les autres sciences, soit spéculatives, soit pratiques.

En effet, parmi les sciences spéculatives, l'une est supérieure à l'autre, soit en raison de sa certitude, soit à cause de la dignité de la matière ou du sujet.

Or, sous ce double point de vue, la doctrine sacrée l'emporte sur les autres sciences spéculatives :

D'abord, sous le rapport de la certitude, puisque les autres sciences puisent toute leur certitude dans les lumières naturelles de la raison humaine dont l'erreur est le triste apanage, au lieu que la doctrine sacrée puise sa certitude dans la lumière indéfectible et infaillible de la science divine.

ARTICLE V.

La théologie surpasse-t-elle en dignité les autres sciences ?

Il paraît que la théologie ne surpasse pas en dignité les autres sciences.

Il faut dire ceci : La théologie, science partie spéculative, partie pratique, surpasse sous ces deux rapports toutes les autres sciences.

Ce qui rend une science spéculative plus noble qu'une autre science, c'est la certitude qu'elle renferme et l'objet qu'elle traite.

Or, la théologie l'emporte sur toutes les sciences spéculatives par ces deux choses.

D'abord par la certitude ; car elle l'a reçoit des lumières de la science divine qui est infaillible, tandis que la philosophie l'emprunte aux lumières de l'intelligence humaine qui peut se tromper ;

M. Drioux (vol. 1, page 46).

Elle l'emporte encore pour la dignité de son objet, parce qu'elle s'occupe principalement de choses qui surpassent par leur élévation la raison humaine, tandis que les autres sciences ne considèrent que ce qui est de son domaine.

Or, la fin de la science sacrée, considérée au point de vue pratique, est le bonheur éternel vers lequel tendent toutes les autres sciences pratiques comme vers leur fin dernière.

D'où il est évident que, sous tous les rapports, la science sacrée est plus noble que les autres.

Il faut répondre au *premier* argument, que rien n'empêche que ce qu'il y a de plus certain par nature, soit ce qu'il y a de moins certain pour nous, à cause de la faiblesse de notre intelligence, qui est, par rapport à ce qu'il y a de plus éclatant dans la nature, ce que l'œil du hibou est à l'égard de la lumière du soleil, comme le dit Aristote.

M. Carmagnolle (vol. 4, page 27).

Ensuite, sous le rapport de la dignité du sujet, la doctrine sacrée est supérieure à toutes les autres sciences, puisqu'elle traite principalement des vérités qui, par leur hauteur et leur profondeur, sont au-dessus de la raison, tandis que les autres sciences ne roulent que sur des choses qui sont du domaine restreint de la raison.

Or, la fin de la doctrine sacrée, sous le rapport pratique, est l'éternelle béatitude vers laquelle convergent, comme à la fin parfaite, toutes les autres fins des sciences pratiques.

Conséquemment la doctrine sacrée est supérieure aux autres sciences sous tous les rapports.

Il faut donc répondre à la première difficulté qu'il n'y a rien de surprenant que ce qui est en soi le plus certain le paraisse moins à notre intelligence, à raison de sa faiblesse qui, à l'égard même de ce qu'il y a de plus évident dans la nature, la rend semblable aux yeux du hibou vis-à-vis de la lumière du soleil, ainsi que l'observe Aristote.

M. Lachat (vol. 1, pages 13-14).

ensuite par l'objet, car elle traite principalement des choses qui s'élèvent au-dessus de la raison, mais les autres sciences ne dépassent point la sphère de nos faibles conceptions.

Or la théologie, comme science pratique, a pour fin le bonheur éternel, à quoi doivent se rapporter toutes les autres sciences.

Donc elle est plus noble, sous ce dernier rapport comme sous le premier, que ses sœurs.

Je réponds aux arguments : 1° Les vérités les plus certaines en elles-mêmes peuvent ne pas l'être pour nous, pourquoi? Parce que notre esprit, d'une faiblesse extrême, est à l'évidence, comme le dit Aristote, ce que l'œil de la chauve-souris est à la lumière du soleil.

Paris. — Imprimerie de E. Donnaud, rue Cassette, 9.

SOMME THÉOLOGIQUE

DE SAINT THOMAS D'AQUIN.

TEXTE LATIN, TRADUCTION DE M. DRIOUX ET CELLE DE M. LACHAT

(EXTRAITS ORDONNÉS PAR LA COUR.)

Iʳᵉ PARTIE. — QUESTION I.

DÉFINITION DE LA THÉOLOGIE.

ARTICLE III.

La théologie est-elle une science ? (Suite.)

Texte latin.

(Conclusio. — Cùm omnia considerata in sacra doctrina, sub una formali ratione divinæ revelationis considerentur, eam unam scientiam esse sentiendum est.)

Respondeo dicendum, sacram doctrinam unam scientiam esse. Est enim unitas potentiæ et habitûs consideranda secundùm objectum, non quidem materialiter, sed secundùm rationem formalem objecti : putà homo, asinus et lapis conveniunt in una formali ratione colorati, quod est objectum visûs. Quia igitur sacra doctrina considerat aliqua secundùm quod sunt divinitùs revelata (secundùm quod dictum est), omnia quæcumque sunt divinitùs revelabilia, communicant in una ratione formali objecti hujus scientiæ : et ideo comprehenduntur sub sacra doctrina sicut sub scientia una.

Ad primum ergo dicendum, quòd sacra doc-

M. Drioux (vol. I, p. 14).

CONCLUSION. — Puisque tont ce que l'on étudie dans la science sacrée se considère sous une seule raison formelle qui est la révélation divine, il faut admettre que cette science est une.

Il faut répondre que la doctrine sacrée est une science qui est une. Car l'unité de puissance et d'habitude ne doit pas être considérée d'après l'objet matériellement compris, mais d'après sa raison formelle. Ainsi, l'homme, l'âme et la pierre peuvent être réunis sous une seule raison formelle, si on les considère par rapport à la couleur qui est l'objet de la vue. C'est pourquoi l'Écriture sainte s'occupant de chaque chose au point de la révélation, comme nous l'avons dit (art. préc.), tout ce qui fait partie du domaine de la révélation est compris sous une seule et même raison formelle ; et c'est ainsi que la science sacrée est une.

Il faut répondre au *premier* argument, que l'en-

M. Lachat (vol. I, p. 10-14).

(Conclusion. — Comme la théologie considère toute chose au point de vue de la révélation divine, elle est une science une.)

Il faut dire ceci : l'unité d'une science se juge d'après son objet considéré, non matériellement, mais dans ses rapports formels ; ainsi la perspective est une, parce que l'homme, le cheval et la pierre se rencontrent dans les rapports formels des couleurs, qui sont l'objet de la vue. Puis donc que la doctrine sacrée considère les choses dont elle s'occupe comme étant révélées d'en haut ; puisque les choses révélées ne constituent, d'un autre côté, qu'un seul objet dans leurs rapports formels, la théologie est une science une et non multiple.

Je réponds aux arguments : 1° La théologie ne

Texte latin.   M. Drioux (vol. 1, p. 44, 45).   M. Lachat (vol. 1, p. 10-14).

trina non determinat de Deo et de creaturis ex æquo, sed de Deo principaliter, et de creaturis secundùm quod referuntur ad Deum, ut ad principium vel finem. Unde unitas scientiæ non impeditur.

Ad secundum dicendum, quòd nihil prohibet inferiores potentias vel habitus, diversificari circa illas materias, quæ communiter cadunt sub una potentia vel habitu superiori : quia superior potentia, vel habitus respicit objectum sub universaliori ratione formali. Sicut objectum sensûs communis est sensibile, quòd comprehendit sub se visibile et audibile : unde sensus communis, cùm sit una potentia, extendit se ad omnia objecta quinque sensuum. Et similiter et quæ in diversis scientiis philosophicis tractantur, potest sacra doctrina una existens considerare sub una ratione, in quantùm scilicet sunt divinitùs revelabilia : ut sic sacra doctrina sit velut quædam impressio divinæ scientiæ, quæ est una simplex omnium.

seignement sacré ne traite pas de Dieu et des créatures au même titre. Il s'occupe de Dieu principalement, mais il ne traite des créatures qu'autant qu'elles se rapportent à Dieu, comme à leur principe et à leur fin. Par conséquent l'unité de la science n'a point à en souffrir.

Il faut répondre au *second*, que rien n'empêche que les puissances ou les habitudes inférieures ne soient diverses relativement aux choses qui relèvent également d'une puissance ou d'une habitude supérieure, parce que la puissance ou l'habitude supérieure embrasse l'objet sous une raison formelle plus universelle. C'est ainsi que l'objet du sens commun est le sensible, qui comprend en lui ce que perçoivent l'ouïe et la vue. Par conséquent le sens commun, par là même qu'il ne forme qu'une puissance, s'étend à tous les objets qui sont du domaine des cinq sens. De même, l'enseignement sacré, sans cesser d'être un, peut considérer les diverses parties des sciences philosophiques sous un seul rapport, c'est-à-dire selon qu'elles se rapportent à la révélation divine, de telle sorte que la science sacrée ne soit elle-même, pour ainsi dire, qu'un reflet de la science divine, qui se distingue entre toutes les autres par son unité et sa simplicité.

traite pas également, au même titre, de Dieu et des créatures : elle traite de Dieu comme de son objet principal, et des créatures comme se rapportant à Dieu. Cette double matière ne détruit donc pas l'unité de la théologie.

2° Les diverses matières qui diversifient les sciences inférieures, peuvent tomber réunies sous le domaine d'une science supérieure, parce que cette science les considère sous un aspect plus général et d'un point de vue plus élevé : ainsi la physique réunit l'objet de la perspective, celui de l'acoustique, de la mécanique, etc. De même les choses qui sont traitées dans les diverses branches de la philosophie, l'enseignement sacré peut les considérer sous un même égard, comme se rapportant à la révélation surnaturelle, et dès lors la science théologique devient comme le reflet de la science divine, qui est une et simple par excellence.

ARTICULUS IV.

Utrùm sacra doctrina sit scientia practica.

Ad quartum sic proceditur. Videtur quòd sacra doctrina sit scientia practica. Finis enim practicæ est operatio, secundùm Philosophum in II. *Metaph.* Sacra autem doctrina ad operationem ordinatur, secundùm illud Jacob. 1 :

ARTICLE IV.

La théologie est-elle une science pratique ?

1. Il semble que la théologie soit une science pratique. Car toute science pratique a pour fin l'action, d'après Aristote (*Mét.* lib. n, text. 3). Or, la théologie a pour fin l'action, d'après ces paroles de saint Jacques (Jac. 1, 22) : *Mettez en pratique la parole de*

ARTICLE IV.

La théologie est-elle une science purement pratique ?

Il paraît que la théologie est une science purement pratique. 1° La pratique a, suivant Aristote, l'action pour fin. Or la théologie aussi a l'action pour fin ; car saint Jacques dit, *Epît.* I, 22 : « Observez la parole, et ne l'écoutez pas seulement. » Donc la

« Estote factores verbi. et non auditores tan-
tûm. » Ergo sacra doctrina est practica scientia.

2. Præterea , sacra doctrina dividitur per
legem veterem et novam : lex autem pertinet
ad scientiam moralem, quæ est scientia practica. Ergo sacra doctrina est scientia practica.

Sed contra, omnis scientia practica est de
rebus operabilibus ab homine, ut moralis de
actibus hominum, et ædificativa de ædificiis :
sacra autem doctrina est principaliter de Deo ,
cujus magis homines sunt opera : non ergo est
scientia practica, sed magis speculativa.

(Conclusio. — Tametsi sacra theologia, al-
tioris ordinis scientia, sit practica et speculativa, eminenter utramque continens, speculativa tamen magis est quàm practica.)

Respondeo dicendum, quòd sacra doctrina,
ut dictum est, una existens se extendit ad ea
quæ pertinent ad diversas scientias philoso-
phicas, propter rationem formalem communem quam in diversis attendit, scilicet prout
sunt divino lumine cognoscibilia. Unde licèt in
scientiis philosophicis alia sit speculativa et
alia practica, sacra tamen doctrina comprehendit sub se utramque, sicut et Deus eadem
scientia se cognoscit et ea quæ facit. Magis
tamen est speculativa quàm practica : quia
principaliùs agit de rebus divinis quàm de

de Dieu et ne vous contentez pas de l'écouter. Donc
la théologie est une science pratique.

2. La science sacrée se divise en deux parties,
l'ancienne et la nouvelle loi. Or, la loi appartient à
la morale qui est une science pratique. Donc la théologie, ou la science sacrée, est une science pratique.

Mais c'est le contraire. Toute science pratique a
pour objet les choses que l'homme peut faire. Ainsi,
la morale s'occupe des actes humains, et l'architecture des édifices. Or, la science sacrée traite principalement de Dieu, dont les hommes eux-mêmes sont
les œuvres. Elle n'est donc pas une science pratique,
mais plutôt une science spéculative.

CONCLUSION. — Quoique la théologie soit une
science d'un ordre supérieur, et qu'elle soit tout à la
fois pratique et spéculative dans le sens qu'elle renferme éminemment ces deux sortes de science, elle
est cependant beaucoup plus spéculative que pratique.

Il faut répondre que la science sacrée embrasse,
sans détruire son unité, comme nous l'avons dit
(art. préc.), tout ce qui se rapporte aux diverses
sciences philosophiques, parce qu'elle les envisage
toutes sous une même raison formelle, c'est-à-dire
selon que la lumière divine nous les fait connaître.
C'est pourquoi, bien que dans les sciences philosophiques, les unes soient spéculatives et les autres
pratiques, la doctrine sacrée les comprend l'une et
l'autre en elle, comme Dieu se connaît lui-même de
la même science qu'il connaît ses créatures. Cependant la théologie est plus spéculative que pratique,

théologie est une science purement pratique.

2° La théologie traite, comme en deux parties, de
la loi ancienne et de la loi nouvelle. Or la loi appartient à la morale, qui est une science purement pratique. Donc la théologie est une science purement
pratique.

Mais toute science pratique traite des choses que
fait l'homme, par exemple la morale des actes humains
et l'architecture des édifices. Or la théologie traite
principalement de Dieu qui, certes, n'est pas l'ouvrage de l'homme. Donc la théologie n'est pas une
science purement pratique.

(Conclusion. — La théologie, science d'un ordre
supérieur, est éminemment pratique et spéculative
tout à la fois, mais elle est plus spéculative que pratique.)

Il faut dire ceci : La théologie embrasse, tout en
restant une, ainsi que nous l'avons vu, les divers
objets des sciences philosophiques, parce qu'elle les
considère tous sous le même rapport formel, comme
relatifs à la révélation. Si donc la philosophie a
deux parties, l'une spéculative et l'autre pratique,
la théologie les réunit également dans son domaine
en les envisageant sous le même point de vue, tout
ainsi que Dieu connaît d'une même science et son
être et ses œuvres. Cependant elle est plus spéculative que pratique, car elle fait des choses divines
l'objet principal de ses investigations ; et si elle

actibus humanis, de quibus agit, secundùm quòd per eos ordinatur homo ad perfectam Dei cognitionem, in qua æterna beatitudo consistit.

Et per hoc patet responsio ad objecta.

parce qu'elle s'occupe plus principalement des choses divines que des actes humains. Elle ne traite même de ces derniers que parce qu'ils conduisent l'homme à la connaissance parfaite de Dieu qui constitue le bonheur éternel. La réponse aux objections est par là même évidente.

traite des actes humains, c'est qu'ils doivent conduire l'homme à la connaissance parfaite de Dieu, dans la bienheureuse patrie.

Ces observations renferment la réponse aux arguments.

ARTICULUS V.

Utrùm sacra doctrina sit dignior aliis scientiis.

Ad quintum sic proceditur. Videtur quòd sacra doctrina non sit dignior aliis scientiis. Certitudo enim pertinet ad dignitatem scientiæ. Sed aliæ scientiæ, de quarum principiis dubitari non potest, videntur esse certiores sacrâ doctrinâ, cujus principia, scilicet articuli fidei, dubitationem recipiunt. Aliæ igitur scientiæ videntur ista digniores.

2. Præterea, inferioris scientiæ est à superiori accipere, sicut musicus ab arithmetico; sed sacra doctrina accipit aliquid à philosophicis disciplinis: dicit enim Hieronymus in epistolâ ad Magnum, oratorem urbis Romæ, quòd doctores antiqui in tantùm philosophorum doctrinâ atque scientiis suos referserunt libros, ut nescias quid in illis priùs admirari debeas, eruditionem sæculi, an scientiam Scripturarum. Ergo sacra doctrina est inferior aliis scientiis.

Sed contra est, quòd aliæ scientiæ dicuntur

ARTICLE V.

La science sacrée est-elle plus noble que les autres sciences?

1. Il semble que la science sacrée ne soit pas plus noble que les autres sciences. En effet, c'est d'après la certitude d'une science que l'on doit juger de sa dignité. Or, les autres sciences dont les principes sont indubitables, paraissent être plus certaines que l'enseignement sacré, dont les principes, c'est-à-dire les articles de foi, peuvent être mis en doute. Donc les autres sciences paraissent plus nobles que la science sacrée.

2. Les sciences inférieures empruntent quelque chose aux sciences supérieures. C'est ainsi que la musique se règle d'après l'arithmétique. Or, l'enseignement sacré emprunte quelque chose aux sciences philosophiques. Car saint Jérôme dit, dans une de ses lettres (Ep. LXXXIV), que les anciens docteurs ont tellement rempli leurs ouvrages de la doctrine et des maximes des philosophes, qu'on ne sait pas ce qu'on doit le plus admirer en eux, de la connaissance qu'ils avaient des auteurs profanes ou des saintes Écritures. Donc la science sacrée est inférieure aux autres sciences.

Mais c'est le contraire. Car les autres sciences sont

ARTICLE V.

La théologie surpasse-t-elle en dignité les autres sciences?

Il paroît que la théologie ne surpasse pas en dignité les autres sciences. 1° La certitude est une des choses qui font la dignité d'une science. Or, comme les sciences profanes ont des principes qui ne souffrent pas le doute, elles renferment une plus grande certitude que la théologie, dont les principes, articles de foi, ne bannissent pas forcément le doute dans les esprits. Donc les sciences profanes surpassent la théologie en dignité.

2° Le propre d'une science inférieure est d'emprunter aux sciences supérieures, et c'est ainsi que la musique demande le nombre aux mathématiques. Or la science sacrée emprunte aux sciences philosophiques; car saint Jérôme dit dans une de ses lettres : « Les anciens docteurs ont tellement rempli leurs ouvrages de la doctrine et des sentences des philosophes, qu'on ne sait ce que l'on doit admirer le plus, ou leur érudition dans la sagesse profane ou leurs connoissances dans les saintes Écritures. » Donc les sciences philosophiques paroissent surpasser la théologie en dignité.

Texte latin. | **M. Drioux** (vol. I, p. 16). | **M. Lachat** (vol. I, p. 10-14).

ancillæ hujus, *Proverb.* 9 : «Misit ancillas suas vocare ad arcem. »

(CONCLUSIO. — Sacra doctrina omnium scientiarum simpliciter dignissima est, quæ omnes speculativas, ut speculativa; et omnes practicas, ut practica longè excedit.)

Respondeo dicendum, quòd cùm ista scientia quantum ad aliquid sit speculativa, et quantum ad aliquid sit practica, omnes alias transcendit tam speculativas, quàm practicas. Speculativarum enim scientiarum una altera dignior dicitur, tum propter certitudinem, tum propter dignitatem materiæ. Et quantum ad utrumque hæc scientia alias speculativas scientias excedit. Secundùm certitudinem quidem, quia aliæ scientiæ certitudinem habent ex naturali lumine rationis humanæ, quæ potest errare ; hæc autem certitudinem habet ex lumine divinæ scientiæ, quæ decipi non potest. Secundùm dignitatem verò materiæ, quia ista scientia est principaliter de iis, quæ sua altitudine rationem transcendunt ; aliæ verò scientiæ considerant ea tantùm quæ rationi subduntur. Practicarum verò scientiarum illa dignior est, quæ ad ulteriorem finem non ordinatur, sed ad ipsam aliæ, velut ad finem ordinantur, sicut civilis militari. Nam bonum exercitûs ad bonum civitatis ordinatur. Finis autem hujus doctrinæ, in quantùm est pratica, est beatitudo æterna, ad quam sicut ad ultimum finem ordinantur omnes alii fines scientiarum practica-

---

appelées les servantes de la théologie, suivant ce mot de l'Écriture (*Prov.* IX, 3) : *Elle a envoyé ses servantes aux conviés, elle les a envoyées à la citadelle et aux murailles de la ville.*

CONCLUSION. — La science sacrée est la plus noble de toutes les sciences. Comme science spéculative elle surpasse de beaucoup toutes les sciences spéculatives, et comme science pratique elle surpasse de même toutes les sciences pratiques.

Il faut répondre que cette science, qui est spéculative sous un rapport et pratique sous un autre, surpasse toutes les autres sciences, tant spéculatives que pratiques. En effet, parmi les sciences spéculatives l'une peut l'emporter sur l'autre, soit en raison de sa certitude, soit en raison de la dignité de son objet. Sous ce double rapport, la science sacrée est supérieure à toutes les autres sciences spéculatives. Elle l'emporte d'abord pour la certitude, parce que les autres sciences ne doivent leur certitude qu'à la lumière naturelle de la raison humaine qui est faillible, tandis que la science sacrée tire sa certitude de la lumière de la science divine qui est infaillible. Elle l'emporte encore pour la dignité de son objet, parce qu'elle s'occupe principalement de choses qui surpassent par leur élévation la raison humaine, tandis que les autres sciences ne considèrent que ce qui est de son domaine. — Quant aux sciences pratiques, la plus noble est celle qui ne se rapporte à aucune autre fin ultérieure. Ainsi, le civil l'emporte sur le militaire, parce que le bien de l'armée a pour but le bien de la cité. Or, la fin de la science sacrée, considérée au point de vue pratique, est le bonheur éternel vers lequel tendent toutes les autres sciences pratiques comme vers leur fin dernière. D'où il est

---

(CONCLUSION. — La théologie, soit comme science spéculative, soit comme science pratique, surpasse en dignité toutes les autres sciences.)

Il faut dire ceci : La théologie, science partie spéculative, partie pratique, surpasse, sous ces deux rapports, toutes les autres sciences. Ce qui rend une science spéculative plus noble qu'une autre science, c'est la certitude qu'elle renferme et l'objet qu'elle traite. Or la théologie l'emporte sur toutes les sciences spéculatives par ces deux choses. D'abord par la certitude, car elle le reçoit des lumières de la science divine qui est infaillible, tandis que la philosophie l'emprunte aux lumières de l'intelligence humaine qui peut se tromper ; ensuite par l'objet, car elle traite principalement des choses qui s'élèvent au-dessus de la raison, mais les autres sciences ne dépassent point la sphère de nos faibles conceptions. Quant aux sciences pratiques, celle-là est la plus noble, qui renferme la fin des autres ; ainsi, la science civile à l'égard de la science militaire, car le but de la milice c'est le bien de la cité. Or la théologie, comme science pratique, a pour fin le bonheur éternel, à qui doivent se rapporter toutes les autres sciences. Donc elle est plus noble, sous ce dernier rapport comme sous le premier, que ses sœurs.

rum. Unde manifestum est secundùm omnem modum eam digniorem esse aliis.

Ad primum ergo dicendum, quòd nihil prohibet id quod est certius secundùm naturam, esse quoad nos minùs certum propter debilitatem intellectûs nostri, qui se habet ad manifestissima naturæ, sicut oculus noctuæ ad lumen solis, ut dicitur in secundo *Metaph.* Unde dubitatio quæ accidit in aliquibus circa articulos fidei, non est propter incertitudinem rei, sed propter debilitatem intellectûs humani : et tamen minimum, quod potest haberi de cognitione rerum altissimarum, desiderabilius est quàm certissima cognitio, quæ habetur de minimis rebus, ut dicitur in undecimo de animalibus.

Il faut répondre au *premier* argument, que rien n'empêche que ce qu'il y a de plus certain par nature, soit ce qu'il y a de moins certain pour nous, à cause de la faiblesse de notre intelligence, qui est par rapport à ce qu'il y a de plus éclatant dans la nature, ce que l'œil du hibou est à l'égard de la lumière du soleil, comme le dit Aristote (*Mét.* lib. II). C'est pourquoi si quelques esprits doutent des articles de foi, ce n'est point parce que ces articles sont incertains en eux-mêmes, mais c'est par suite de la faiblesse de l'esprit humain. Cependant la moindre connaissance qu'on puisse acquérir des choses élevées, est préférable à la connaissance la plus certaine qu'on ait des choses d'un ordre inférieur, comme le dit Aristote (*De partibus animal.* lib. I. cap. 5).

Je réponds aux arguments : 1° Les vérités les plus certaines en elles-mêmes peuvent ne pas l'être pour nous, pourquoi? Parce que notre esprit, d'une foiblesse extrême, est à l'évidence, comme le dit Aristote, ce que l'œil de la chauve-souris est à la lumière du soleil. Si donc les articles de foi peuvent être révoqués en doute, ce n'est pas qu'ils manquent de certitude, mais notre débile intelligence n'en saisit pas l'imposante clarté. Toutefois, la connaissance la plus foible des choses supérieures est préférable à la connoissance la plus certaine des choses inférieures, comme le dit encore le philosophe que nous venons de nommer.

QUÆSTIO XXVIII.

De relationibus divinis, in quatuor articulos divisa.

Deinde considerandum est de relationibus divinis.

Et circa hoc quæruntur quatuor : 1° Utrùm in Deo sint aliquæ relationes reales. 2° Utrùm illæ relationes sint ipsa essentia divina, vel sint extrinsecùs affixæ. 3° Utrùm possint esse

PREMIÈRE PARTIE.

TRAITÉ DE LA TRINITÉ.

QUESTION XXVIII.

Des relations divines.

Nous avons maintenant à traiter des relations divines. — A cet égard quatre questions se présentent : 1° Y a-t-il en Dieu des relations réelles? — Ces relations sont-elles l'essence divine elle-même ou quelque chose qui lui est extérieur ? — 3° Peut-il y avoir en Dieu plusieurs relations réelle-

QUESTION XXVIII.

Des relations en Dieu.

Nous allons parler maintenant des relations divines.

On demande quatre choses sur ce sujet : 1° Y a-t-il des relations réelles en Dieu? 2° Les relations en Dieu sont-elles la même chose que son essence? 3° Les relations en Dieu sont-elles réellement distinctes les

in Deo plures relationes realiter distinctæ ab invicem. 4° De numero harum relationum.

ARTICULUS I.

Utrùm in Deo sint aliquæ relationes reales.

Ad primum sic proceditur (1). Videtur quòd in Deo non sint aliquæ relationes reales. Dicit enim Boëtius in lib. *de Trin.* quòd, « cùm quis prædicamenta in divinam vertit prædicationem, cuncta mutantur in substantiam quæ prædicari possunt; ad aliquid verè omnino non potest prædicari. » Sed quicquid est realiter in Deo, de ipso prædicari potest : ergo relatio non est realiter in Deo.

2. Præterea, dicit Boëtius in eodem libro quòd « similis est relatio in Trinitate, Patris ad Filium, et utriusque ad Spiritum sanctum ut ejus quod est idem ad id quod est idem. » Sed hujusmodi relatio est rationis tantùm, quia omnis relatio realis exigit duo extrema realiter. Ergo relationes quæ ponuntur in divinis, non sunt reales relationes, sed rationis tantùm.

3. Præterea, relatio paternitatis est relatio principii. Sed cùm dicitur : « Deus est principium creaturarum, » non importatur aliqua relatio realis, sed rationis tantùm. Ergo nec paternitas in divinis est relatio realis, et eadem ratione nec aliæ relationes quæ ponuntur ibi.

ment distinctes les unes des autres? 4° Quel est le nombre de ces relations?

ARTICLE I.

Y a-t-il en Dieu des relations réelles?

1. Il semble qu'en Dieu il n'y ait pas de relations réelles. Car Boëce dit dans son livre de la Trinité (*De Trin. in med.*), que quand on affirme de Dieu quelque chose, tout ce qu'on affirme est substantiel, et qu'on ne peut absolument rien en affirmer de relatif. Or, on peut affirmer de Dieu tout ce qui existe réellement en lui. Donc la relation n'y existe pas réellement, puisqu'elle ne se dit pas de lui.

2. Boëce dit encore dans le même livre (*circ. fin.*) que dans la sainte Trinité la relation du Père au Fils, et la relation de l'un et de l'autre au Saint-Esprit sont semblables, parce que c'est toujours la relation du même au même. Or, une relation de cette nature n'est qu'une relation de raison, parce qu'une relation réelle suppose deux extrêmes qui sont réels aussi. Donc les relations qui sont en Dieu ne sont pas des relations réelles, mais des relations de raison.

3. La relation de paternité est une relation de principe. Or, quand on dit que Dieu est le principe des créatures, cela ne suppose pas qu'il y ait de lui à elles une relation réelle, mais seulement une relation de raison. Donc la paternité n'est pas en Dieu une relation réelle, et pour le même motif on peut en dire autant des autres relations.

unes des autres? 4° Enfin y a-t-il seulement quatre relations en Dieu?

ARTICLE I.

Y a-t-il des relations réelles en Dieu?

Il paroît qu'il n'y a pas de relations réelles en Dieu. 1° Boëce dit, *De Trin.*, IV : « Quand on applique à Dieu les prédicaments, tout ce qu'on peut affirmer de lui se change en substance, de manière qu'on ne peut lui attribuer aucune relation. » Or tout ce qui existe réellement en Dieu peut être affirmé de lui : donc il n'y a pas de relation réelle en Dieu.

2° Boëce dit encore, *ibid.* : « Dans la Trinité, la relation du Père au Fils, celle de ces deux personnes au Saint-Esprit ne sont autre chose que la relation d'identité, ou du même au même. » Or la relation d'identité est purement rationnelle, car toute relation réelle exige deux rapports réellement existants. Donc les relations divines sont rationnelles, et non réelles.

3° La relation de paternité est une relation de principe. Or la relation de principe, telle qu'elle s'exprime dans cette phrase : « Dieu est la cause et l'origine des créatures, » n'est pas réelle, mais seulement de raison. Donc la relation de paternité n'est pas réelle en Dieu; donc les autres relations qu'il peut renfermer ne le sont pas non plus.

Texte latin.

4. *Praeterea generatio in divinis est secundùm intelligibilis verbi processionem : sed relationes quæ consequuntur operationem intellectûs, sunt relationes rationis. Ergo paternitas et filiatio, quæ dicuntur in divinis secundùm generationem, sunt relationes rationis tantùm.*

Sed contra est, quòd *pater* non dicitur nisi à *paternitate*, et *filius* à filiatione. Si igitur paternitas et filiatio non sunt in Deo realiter, sequitur quòd Deus non sit realiter Pater aut Filius, sed secundùm rationem intelligentiæ tantùm : quod est hæresis sabelliana.

(Conclusio. — Relationes in divinis, cùm sint secundùm processiones in identitate naturæ, reales quasdam in divinis esse relationes necessarium est.)

Respondeo dicendum, quòd relationes quædam sunt in divinis realiter. Ad cujus evidentiam considerandum est quòd solùm in his quæ dicuntur *ad aliquid*, inveniuntur aliqua secundùm rationem tantùm, et non secundùm rem : quod non est in aliis generibus ; quia alia genera (ut quantitas et qualitas), secundùm propriam rationem significant aliquid alicui inhærens ; ea verò quæ dicuntur *ad aliquid*, significant secundùm propriam rationem solùm respectum ad aliud. Qui quidem respectus aliquando est in ipsa natura rerum ; utpote quando aliquæ res secundùm suam naturam ad invicem ordinatæ sunt, et invicem inclinationem habent : et hujusmodi relationes oportet esse reales, sicut in corpore gravi est incli-

M. Drioux (vol. I, p. 367, 368).

4. La génération en Dieu est la procession de l'intelligence. Or, les relations qui ont pour principe l'action de l'intelligence sont des relations de raison. Donc la paternité et la filiation qui sont en Dieu les termes de la génération ne sont que des relations de raison.

Mais c'est le contraire. Car le Père n'étant ainsi appelé qu'à cause de sa paternité et le Fils qu'en raison de sa filiation, si la paternité et la filiation ne sont pas réelles en Dieu, il s'ensuit que Dieu n'est pas réellement père ou fils, et que ces dénominations ne sont que des êtres de raison ; ce qui retombe dans l'hérésie de Sabellius.

CONCLUSION.—Les relations en Dieu étant déterminées par des processions qui reposent sur l'identité de nature, il est nécessaire qu'elles soient réelles.

Il faut répondre qu'en Dieu il y a des relations réelles. Pour le comprendre il faut observer qu'il n'y a que dans les relations qu'on puisse distinguer des relations réelles et des relations de raison. Dans les autres genres cette distinction n'a pas lieu. Car les autres genres, tels que la quantité et la qualité, par exemple, signifient nécessairement quelque chose d'inhérent à un sujet quelconque, et par conséquent quelque chose de réel, tandis que les relations n'expriment dans le sens strict que le simple rapport d'une chose à une autre. Mais ce rapport est quelquefois fondé sur la nature même des choses. Il en est ainsi quand il a pour termes des êtres qui sont naturellement liés l'un à l'autre, qui ont une inclination réciproque et appartiennent au même ordre. Ces relations doivent être nécessairement réelles. Ainsi

M. Lachat (vol. II, p. 21, 23).

4. La génération a pour fondement, dans la Trinité, la procession intellectuelle du Verbe. Or, les relations produites par l'acte de l'intelligence sont purement rationnelles. Donc la paternité et la filiation, qui reposent en Dieu sur la génération, sont des relations purement rationnelles.

Mais la qualité de père est fondée sur la paternité, et la qualité de fils sur la filiation. Si donc la paternité et la filiation n'existoient pas réellement en Dieu, il s'ensuivroit que Dieu n'est ni Père ni Fils dans la réalité de leur être, mais seulement dans les idées de notre esprit. Or qu'est-ce que cela, sinon l'hérésie de Sabellius?

(Conclusion. — Comme les relations divines reposent sur les processions dans l'identité de nature, il y a nécessairement des relations réelles en Dieu.)

Il faut dire ceci : la Sainte Trinité renferme des relations réelles : quelques observations vont le faire comprendre. Il y a des entités purement rationnelles dans la relation, mais cela n'a pas lieu dans les autres catégories : voici pourquoi. La quantité, la qualité et les prédicaments de cette sorte impliquent des modalités inhérentes au sujet ; mais la relation n'accuse, dans sa notion particulière, qu'un rapport d'un être à un autre. Or ce rapport est fondé sur la nature des choses, quand il a pour termes des êtres essentiellement liés par une coordination réciproque, qui cherchent à se rapprocher les uns des autres : alors les relations sont réelles, comme dans les corps pesants qui tendent vers la terre et qui ont une connexion nécessaire avec leur centre de gravité. D'autres fois le rapport, fondé

Texte latin

natio et ordo ad locum medium; unde respectus quidam est in ipso gravi respectu loci medii, et similiter est de aliis hujusmodi. Aliquando verò respectus significatus per ea quæ dicuntur *ad aliquid*, est tantùm in ipsa apprehensione rationis conferentis unum alteri : et tunc est relatio rationis tantùm; sicut cùm comparat ratio hominem animali, ut speciem ad genus. Cùm autem aliquid procedit à principio ejusdem naturæ, necesse est quòd ambo (scilicet procedens et id à quo procedit) in eodem ordine conveniant ; et sic oportet quòd habeant reales respectus ad invicem. Cùm igitur processiones in divinis sint in identitate naturæ, ut ostensum est, necesse est quòd relationes, quæ secundùm processiones divinas accipiuntur, sint relationes reales.

(Quid æ q.)

Ad primum ergo dicendum, quòd *ad aliquid* dicitur omnino non prædicari in Deo secundùm propriam rationem ejus quod dicitur *ad aliquid*, in quantum scilicet propria ratio ejus quod *ad aliquid* dicitur non accipitur per comparationem ad illud cui inest relatio, sed per respectum ad alterum. Non ergo per hoc excludere voluit quòd relatio non esset in Deo ; sed quòd non prædicaretur per modum inhærentis (secundùm propriam relationis rationem), sed magis per modum ad aliud se habentis.

(Quid æ q.)

Ad secundum dicendum, quòd relatio quæ importatur per hoc nomen, *idem*, est relatio rationis tantùm, si accipiatur simpliciter idem; quia hujusmodi relatio non potest consistere

M. Drioux (vol. T, p. 276, 258)

les corps sont toujours attirés vers le centre. Le rapport de pesanteur forme une relation réelle, et il en est de même de toutes les relations semblables. Mais le rapport peut n'exister que dans le langage, et il ne consiste alors que dans le rapprochement que l'esprit fait de deux choses quand il les compare. Il n'y a dans ce cas entre ces deux choses qu'une relation de raison. Telle est la relation que l'esprit crée quand il compare l'homme à l'animal comme l'espèce au genre. — Lors donc qu'un être procède d'un principe de même nature que lui, il est nécessaire que tous les deux, c'est-à-dire celui qui procède et celui dont il procède, soient du même ordre. Il faut, par conséquent, qu'il y ait entre eux des relations réelles. Donc, puisque les processions divines reposent sur l'identité de nature, comme nous l'avons prouvé (quest préc. art. 2 et 4), il est nécessaire que les relations qu'elles déterminent soient réelles.

Il faut répondre au *premier* argument, que la relation ne se dit pas de Dieu selon sa nature propre, parce que par sa nature propre la relation ne se rapporte pas au sujet, mais au terme. Boèce n'a pas voulu dire par là qu'il n'y avait pas relation en Dieu, mais qu'elle ne s'affirmait pas de lui selon sa nature propre; elle exprime seulement en Dieu un rapport entre celui qui procède et le principe dont il procède.

Il faut répondre au *second*, que la relation du même au même n'est qu'une relation de raison si on prend le mot même dans un sens absolu. Car cette relation ne peut exister que d'après le rapport que

M. Lachat (vol. II, p. 40-44)

sur une simple perception qui rapproche deux choses, n'existe que dans notre esprit : alors la relation est purement rationnelle, comme lorsque nous comparons l'homme à l'animal par l'analogie de l'espèce avec le genre. Mais supposons une entité substantielle procédant d'un principe avec la même nature, les deux termes appartiendront au même ordre de choses et seront enchaînés mutuellement par des rapports réels. Puis donc que les relations divines reposent sur l'identité de nature, comme nous l'avons dit, il faut de toute nécessité que les relations qu'elles déterminent soient des relations réelles.

Je réponds aux arguments : 1° Comme la relation n'est pas, dans sa nature spéciale, une qualité inhérente au sujet, mais un rapport entre deux choses, aucune entité relative ne peut s'affirmer de Dieu proprement, rigoureusement, selon l'idée qui la constitue. Boèce ne veut donc pas exclure la relation du sein de Dieu ; il déclare seulement qu'elle ne peut s'affirmer de l'Être absolu selon sa nature, comme modalité résidant dans un sujet d'adhésion, mais comme un rapport qui coordonne deux termes respectivement opposés.

2° La relation d'identité est purement rationnelle, quand elle repose sur un seul être; car, alors, elle consiste uniquement dans un rapport que l'esprit établit entre deux faces d'une même chose, mais

Texte latin.

nisi in quodam ordine, quem ratio adinvenit alicujus ad seipsum, secundùm aliquas ejus duas considerationes ; scechs autem est, cùm dicuntur aliqua eadem esse non in numero, sed in natura generis vel speciei. Boëtius igitur relationes quæ sunt in divinis assimilat relationi identitatis, non quantùm ad omnia, sed quantùm ad hoc solùm quòd per hujusmodi relationes non diversificatur substantia, sicut nec per relationem identitatis.

Ad tertium dicendum, quòd cùm creatura procedat à Deo in diversitate naturæ, Deus est extra ordinem totius creaturæ, nec ex ejus natura est ejus habitudo ad creaturas; non enim producit creaturas ex necessitate suæ naturæ, sed per intellectum et per voluntatem, ut suprà dictum est. Et ideo in Deo non est realis relatio ad creaturas, sed in creaturis est realis relatio ad Deum ; quia creaturæ continentur sub ordine divino, ut in earum natura est, quòd dependeant à Deo. Sed processiones divinæ sunt in eadem natura : unde non est similis ratio.

M. Drioux (vol. I, p. 268).

l'esprit établit sur le même être considéré sous deux aspects différents. Mais il en est autrement quand deux êtres sont les mêmes, non numériquement, mais dans le genre ou dans l'espèce. Boëce assimile les relations qui sont en Dieu à une relation d'identité. Toutefois il ne veut pas dire que cette identité est absolue, mais il veut faire comprendre que malgré ces relations la substance est une.

Il faut répondre au *troisième*, que la créature qui procède de Dieu n'ayant pas la même nature que lui, Dieu n'est pas du même ordre qu'elle, et il n'est pas dans son essence d'être en rapport avec les êtres qu'il a créés. Car il ne les produit pas nécessairement ; leur création est l'œuvre de son intelligence et de sa volonté (quest. XIX, art. 3 et 4 ; quest. XIV, art. 8). C'est pourquoi il n'y a pas de rapport réel de Dieu à la créature, mais il y en a un de la créature à Dieu. Car les créatures se rapportent nécessairement à Dieu, et il est dans leur nature qu'elles en dépendent. Mais les processions divines étant dans une seule et même nature, il n'y a donc pas de parité.

M. Lachat (vol. II, p. 20-34).

quand elle a pour sujet deux êtres différents dans le nombre et semblables dans la nature du genre et de l'espèce, elle est réelle. Boëce n'assimile donc pas la relation divine et la relation d'identité sous tous les rapports ; il veut seulement nous faire comprendre que la première n'entraîne pas, non plus que la dernière, diversité de substance.

3° Comme les êtres créés ne procèdent pas de Dieu avec la nature de leur principe, Dieu est hors de l'ordre des êtres créés et ne leur est uni par aucune relation fondée sur sa nature; car il ne les produit point, comme nous l'avons vu plus haut, par la nécessité de son être, mais par son intelligence et par sa volonté. Dieu n'a donc pas de relations réelles avec les créatures, mais les créatures ont des relations réelles avec Dieu, parce qu'elles sont subordonnées à l'ordre qu'il a établi et que leur nature est de dépendre de son souverain domaine. Mais quand nous considérons l'essence suprême, nous voyons les relations divines se déployer dans une même nature : on ne peut donc les comparer aux relations des créatures avec le Créateur.

PREMIÈRE PARTIE.

TRAITÉ DE LA CRÉATION.

Texte latin.

Respondeo dicendum, quòd cœlum empyreum non invenitur positum nisi per auctoritates Strabi et Bedæ ; et iterum per auctoritatem Basilii. In cujus positione quantùm ad

M. Drioux (vol. I, p. 573).

Il faut répondre que le ciel empyrée n'est admis que par Strabus, l'auteur de la glose, le vénérable Bède et saint Basile. A cet égard ils sont d'accord sur un point, c'est que le ciel est le séjour des bien-

M. Lachat (vol. III, p. 30-34).

L'existence du ciel empyrée ne repose que sur l'autorité de Strabus et de Bède, et de plus sur celle de saint Basile. Leurs opinions s'accordent en un point, à savoir que c'est là le lieu ou séjour des

Texte latin.

aliquid conveniunt, scilicet quantum ad hoc quòd sit locus beatorum ; dicit enim Strabus, et etiam Beda, quòd « statim factum, angelis est repletum. » Basilius etiam dicit in II. *Hexaem* : « Sicut damnati in tenebras ultimas abiguntur, ita remuneratio pro dignis operibus restaurantur in ea luce quæ est extra mundum, et ibi quietis domicilium sortientur ; » differunt tamen quantum ad rationem ponendi. Nam Strabus et Beda ponunt cœlum empyreum ea ratione , quia firmamentum (per quod « cœlum empyreum» intelligunt) non in principio, sed secunda die dicitur factum. Basilius verò ea ratione ponit, ne videatur simpliciter Deus opus suum à tenebris inchoasse , quòd Manichæi calumniantur, Deum veteris Testamenti «·Deum tenebrarum » nominantes. Hæ autem rationes non sunt multùm cogentes. Nam quæstio de firmamento, quod legitur factum in secunda die, aliter solvitur ab Augustino et aliter ab aliis Sanctis. Quæstio autem de tenebris solvitur secundùm Augustinum (lib. I. *Super Gen. ad litt.*, cap. 15, et lib. VII, cap. 27), per hoc, quòd informitas (quæ per tenebras significatur) non præcessit duratione formationem, sed origine. Secundùm alios verò, cùm tenebræ non sint creatura aliqua, sed privatio lucis, divinæ sapientiæ attestatur, ut ea quæ produxit ex nihilo, primò in statu imperfectionis institueret, et postmodùm ea perduceret ad perfectum. Potest autem convenientior ratio sumi ex ipsa conditione gloriæ. Expectatur enim in futura remuneratione duplex gloria, scilicet spiritualis et corporalis , non solùm in corporibus humanis glorificandis, sed etiam in toto mundo innovando. Inchoata est autem

M. Drioux (vol. I, p. 573).

heureux. Car Strabus et le vénérable Bède disent qu'aussitôt qu'il a été fait, il a été rempli d'anges. Et saint Basile ajoute (*Hom. II in hexaem.*) que comme les damnés sont précipités dans les ténèbres les plus profondes, de même les justes reçoivent la récompense de leurs œuvres dans cette lumière qui est hors du monde, et c'est là qu'ils trouveront une demeure tranquille. Cependant ce n'est pas la même raison qui les porte à admettre ce ciel. Strabus et Bède disent qu'il existe parce que le firmament dont ils font le ciel étoilé n'a pas été créé, d'après la Genèse, au commencement, mais au second jour. Saint Basile a eu l'intention de faire voir par là que l'œuvre de la création n'a pas commencé par les ténèbres, comme le prétendaient les manichéens, qui appelaient le Dieu de l'ancien Testament un Dieu de ténèbres. Ces raisons ne sont pas très-concluantes. Car, à l'égard du firmament qui, d'après la Genèse, a été fait au second jour, saint Augustin résout la question d'une manière, et les autres Pères d'une autre. Touchant les ténèbres, saint Augustin dit (*Sup. Gen. ad litt.* lib. VII, cap. 27) qu'ils ont d'abord existé parce que l'informité qu'ils représentent a eu sur la formation des choses non une priorité de temps, mais une priorité d'origine. D'après les autres Pères, les ténèbres n'étant pas une créature, mais une privation de lumière, ils ont d'abord existé pour prouver que l'action de la sagesse divine, qui a tiré les êtres du néant, les a d'abord établis dans un état imparfait, pour les amener ensuite à leur perfection. — On peut trouver une meilleure raison de convenance dans la nature même de la gloire qui nous est réservée. En effet, nous attendons pour notre récompense deux sortes de gloire, l'une spirituelle et l'autre corporelle, qui ne doit pas seulement servir à glorifier les corps des hommes, mais encore à re-

M. Lachat (vol. III, p. 30-34).

bienheureux. Strabus et Bède disent également qu'à peine créé, il fut peuplé d'anges. Et saint Basile, *Hexaem.*, II, dit : « De même que les réprouvés sont relégués au sein des plus profondes ténèbres , de même la récompense des bonnes œuvres est préparée au sein de cette lumière qui est placée en dehors du monde et où se trouve le séjour du repos. » Mais ces auteurs diffèrent quant à la raison dont ils appuient leur sentiment. Strabus et Bède admettent le ciel empyrée par la raison que le firmament, où ils voient le ciel empyrée, a été fait, selon l'Écriture, non au commencement, mais au second jour. Saint Basile l'admet pour repousser cette idée que Dieu auroit commencé son œuvre par les ténèbres, et pour frapper ainsi le blasphème des Manichéens qui nommoient le Dieu de l'ancien Testament un Dieu de ténèbres. Ces raisons toutefois ne sont pas bien déterminantes. La question du firmament, lequel a été fait le second jour, a été résolue d'une manière par saint Augustin et d'une autre par le reste des Pères. La question des ténèbres se résout, suivant saint Augustin, par cette raison que la matière informe, représentée par les ténèbres, n'a pas précédé par le temps la matière formée et ne l'a précédée que dans l'ordre d'origine. Selon les autres docteurs, les ténèbres n'étant pas une créature particulière, mais la négation de toute créature, c'est là un témoignage en faveur de la sagesse divine, à laquelle il convenoit d'établir d'abord dans un état imparfait ce qu'elle avoit tiré du néant, pour le conduire ensuite à un état parfait. Mais on peut trouver de tout cela une raison plus convenable dans la nature même de la récompense destinée aux élus. Dans cette récompense future on doit distinguer en effet deux sortes de gloire, la gloire spirituelle et la gloire corporelle, celle-ci devant s'appliquer non-seulement au corps

Texte latin.

spiritalis gloria ab ipso mundi principio, in beatitudine angelorum, quorum æqualitas sanctis promittitur : unde conveniens fuit, ut etiam à principio corporalis gloria inchoaretur in aliquo corpore, quod etiam à principio fuerit absque servitute corruptionis, et mutabilitatis, et totaliter lucidum ; sicut tota creatura corporalis expectatur post resurrectionem futura. Et ideo illud cœlum dicitur *empyreum*, id est, igneum, non ab ardore, sed à splendore. Sciendum est autem quòd Augustinus lib. X, *De Civit. Dei*, dicit quòd Porphyrius discernebat à dæmonibus angelos, ut aerea loca esse dæmonum, æthera verò, vel empyrea diceret angelorum. Sed Porphyrius, tanquam Platonicus, cœlum istud sydereum *igneum* esse existimabat, et ideo *empyreum* nominabat vel *æthereum*, secundùm quòd nomen ætheris sumitur à velocitate motûs, ut Aristoteles dicit. Quod pro tanto dictum sit, ne aliquis opinetur Augustinum cœlum empyreum posuisse, sicut nunc ponitur à modernis.

Ad primum ergo dicendum, quòd corpora sensibilia sunt mobilia secundùm ipsum statum mundi ; quia per motum creaturæ corporalis procuratur elementorum multiplicatio. Sed in ultima consummatione gloriæ, cessabit corporum motus : et talem oportuit esse à principio dispositionem cœli empyrei.

Ad secundum dicendum, quòd satis proba-

M. Drioux (vol. I, p. 373, 374).

nouveler le monde entier. La gloire spirituelle a commencé avec le monde par la béatitude des anges dont les saints doivent partager les jouissances. Il a donc été convenable que dès le commencement des choses la gloire corporelle existât dans un corps quelconque, qui a été primitivement créé, exempt de toute corruption et de toute altération, et qui soit totalement lumineux, comme les autres créatures matérielles le seront après la résurrection. Et c'est ce corps qu'on appelle empyrée, ou ciel de feu, non parce que il a la chaleur du feu, mais parce qu'il en a tout l'éclat. — Nous devons faire observer que saint Augustin rapporte (*De civ. Dei*, lib. x, cap. 9 et 27) que Porphyre distinguait les anges des démons en ce que les démons habitaient les airs, tandis que les anges habitaient le ciel éthéré ou l'empyrée. Mais Porphyre était platonicien, et il pensait que le ciel étoilé était du feu, et il lui donnait le nom d'empyrée ou d'éther, en attachant à ce dernier mot le même sens qu'au mot *enflammer*, sans avoir l'intention de désigner par là la rapidité du mouvement, comme le fait Aristote (*De cœl.* lib. I, text. 22). Nous faisons ici cette remarque uniquement pour qu'on ne croie pas que saint Augustin a compris l'empyrée de la même manière que les auteurs modernes.

Il faut répondre au *premier* argument, que les corps sensibles sont mobiles dans l'état du monde actuel, parce que le mouvement des corps est ce qui produit la multiplicité des éléments. Mais dans la consommation dernière de la gloire, le mouvement des corps cessera. Il a été convenable que dès le commencement l'empyrée fût dans cet état.

Il faut répondre au *second*, qu'il est assez pro-

M. Lachat (vol. III, p. 30-34).

humain, mais encore au renouvellement de tout l'univers. Or la gloire spirituelle a commencé dès l'origine des choses dans la béatitude des anges, dont le sort doit être partagé par les saints. Il convenait donc aussi que la gloire corporelle commençât également dès l'origine, et qu'il y eût un corps placé dès lors au-dessus de l'esclavage de la corruption et du changement, un corps entièrement lucide, puisque toute la créature corporelle doit subsister après la résurrection. Voilà pourquoi le ciel dont il s'agit se nomme empyrée, c'est-à-dire de feu, non à cause de sa chaleur, mais à cause de sa clarté. Il faut néanmoins savoir que saint Augustin rapporte dans le livre X de la *Cité de Dieu* le sentiment de Porphyre qui sépare les anges des démons, en assignant aux démons l'air inférieur pour séjour, et aux anges l'air supérieur ou l'empyrée. Mais Porphyre, comme platonicien, regardoit le ciel étoilé comme un ciel de feu ; et c'est pour cela qu'il le nommoit empyrée ou éthéré ; et ce mot d'*éther*, il le tiroit de la propriété du feu, et non de la rapidité du mouvement, comme le fait Aristote. Et nous disons cela pour que personne ne s'imagine que saint Augustin admettoit un ciel empyrée dans le sens que l'admettent certains auteurs modernes.

Je réponds aux arguments : 1° Les corps sensibles sont mobiles d'après l'état même du monde ; car c'est par le mouvement de la créature corporelle que les éléments peuvent être multipliés. Mais quand tout sera consommé dans la gloire, les corps cesseront de se mouvoir ; et telle a dû être dès le commencement la condition du ciel empyrée.

2° On pourroit dire avec quelque probabilité,

Texte latin.

hile est quòd cœlum empyreum, secundùm quiosdam, cùm sit ordinatum ad statum gloriæ, non habet influentiam in inferiora corpora, quæ sunt sub alio ordine, utpote ordinata ad naturalem rerum discursum. Probabilius tamen videtur dicendum, quòd sicut supremi angeli, qui assistunt, habent influentiam super medios et ultimos, qui mittuntur, quamvis ipsi non mittantur secundùm Dionysium (lib. De Cœl. hier., cap. 8), ita cœlum empyreum habet influentiam super corpora quæ moventur, licèt ipsum non moveatur. Et propter hoc potest dici quòd influit in primum cœlum quod movetur, non aliquid transiens et adveniens per motum, sed aliquid fixum et stabile; putà virtutem continendi et causandi, vel aliquid hujusmodi ad dignitatem pertinens.

Ad tertium dicendum, quòd locus corporeus deputatur contemplationi, non propter necessitatem, sed propter congruitatem, ut exterior claritas interiori conveniat. Undè Basilius dicit Homil. III. in Hexaem., quòd « minister spiritus non poterat degere in tenebris, sed in luce et lætitia degendi sibi habitum possidebat. »

Ad quartum dicendum est, quòd sicut Basilius dicit in Hexaem. « constat factum esse cœlum rotunditate conclusum, habens corpus spissum, et ideo validum, ut possit ea quæ extrinsecùs habentur, ab interioribus separare. Ob hoc necessariò post se regionem relictam carentem luce constituit; utpote fulgore qui

M. Drioux (vol. I, p. 575).

bable, d'après quelques auteurs, que le ciel empyrée n'ayant été fait que pour l'état de gloire, il n'a pas d'influence sur les corps inférieurs qui appartiennent à un autre ordre, puisqu'ils ont été faits pour le cours naturel des choses. Cependant, il paraît plus probable que comme les anges supérieurs qui sont près de Dieu ont de l'influence sur les anges intermédiaires et sur les anges inférieurs qui sont envoyés, bien que, d'après saint Denis (Cœl. Hier., cap. 8), ils ne reçoivent pas eux-mêmes de mission ; de même le ciel empyrée a de l'influence sur les corps qui se meuvent, quoiqu'il ne se meuve pas lui-même. On peut donc dire, pour ce motif, qu'il influe sur le premier ciel qui se meut, non par un mouvement de va et vient, mais par une force fixe et stable, comme serait par exemple une puissance de capacité ou de causalité, ou toute autre énergie qui ne dérogerait pas à la dignité de sa nature.

Il faut répondre au troisième, qu'on assigne à la contemplation un lieu matériel, non par nécessité, mais par convenance, afin que la clarté extérieure soit en harmonie avec la lumière intérieure. C'est ce qui fait dire à saint Basile (in Hexa. hom. 2) que l'esprit ne pouvait vivre dans les ténèbres, mais qu'il était fait pour vivre dans la lumière et la joie.

Il faut répondre au quatrième, que, d'après saint Basile (in Hexa. hom. 2), il est constant que le ciel est terminé sous la forme d'une sphère, qu'il est d'une nature assez compacte et assez forte pour séparer ce qui est hors de lui, de ce qui est au dedans de lui. C'est pour cela qu'il a laissé derrière lui une région déserte, sans lumière, puisqu'il a inter-

M. Lachat (vol. III, p. 30-34).

comme l'ont dit quelques auteurs, que le ciel empyrée étant ordonné par rapport à l'état de la gloire, n'a pas d'influence sur les corps inférieurs, lesquels se trouvent placés dans un autre ordre et disposés pour le cours naturel des choses. Mais il est plus juste de penser que, comme les anges assistant au trône de Dieu ont une influence sur les anges moyens et jusque sur les derniers d'entre eux, quoique ceux-ci soient envoyés et que les premiers ne le soient pas, suivant la doctrine de saint Denis dans son livre de la Hiérarchie céleste; de même le ciel empyrée a une influence sur les corps mobiles, quoiqu'il soit lui-même immobile. On peut donc supposer qu'il transmet au premier ciel qui est en mouvement, non une influence passagère et réalisée par le mouvement même, mais bien une influence fixe et durable, comme par exemple la force de résistance et de causalité, ou toute autre influence semblable propre à relever la dignité des corps.

3° Un lieu corporel est assigné à la contemplation non par nécessité, mais par convenance ou analogie, afin que la clarté extérieure soit en rapport avec la lumière intérieure. Ce qui fait dire à saint Basile : « L'esprit dirigeant ne pouvoir résider dans les ténèbres; il devoit trouver dans la lumière et la joie de son séjour une conformité avec sa nature. »

4° Selon le même saint Basile : « Il est certain que le ciel est établi dans une forme sphérique, et se compose d'un corps solide et par conséquent résistant, afin de pouvoir séparer les choses extérieures de celles qu'il renferme dans sa concavité. Il suit de là nécessairement qu'il laisse derrière lui une région privée de lumière, puisqu'il intercepte les

Texte latin.	M. Drioux (vol. I, p. 574, 575).	M. Lachat (vol. III, p. 30-34).

superradiabat excluso. Sed quia corpus firmamenti, et si sit solidum, est tamen diaphanum, quòd lumen non impedit (ut patet per hoc quod lumen stellarum videmus non obstantibus mediis cœlis), potest aliter dici, quòd habet lucem cœlum empyreum non condensatam ut radios emittat, sicut corpus solis, sed magis subtilem; vel habet claritatem gloriæ, quæ non est conformis cum claritate naturali.

cepté la splendeur des rayons qui s'étendaient au delà. — D'ailleurs, comme le corps du firmament, bien qu'il soit solide, est néanmoins diaphane, puisque nous voyons la lumière des étoiles malgré les cieux intermédiaires qui s'y opposent, on pourrait dire que le ciel empyrée n'est pas une lumière condensée, qu'il ne projette pas des rayons comme le corps du soleil, mais qu'il a une lumière plus subtile, plus déliée ; ou bien on pourrait dire encore qu'il brille de la splendeur de la gloire et que cette splendeur n'a rien de commun avec la clarté naturelle.

rayons qui pouvoient l'éclairer. » Mais comme le corps du firmament, quoique solide est néanmoins diaphane, ce qui se voit clairement puisque la lumière des étoiles parvient jusqu'à nous malgré les cieux intermédiaires, on pourroit dire plutôt que le ciel empyrée ne possède pas une lumière condensée et rayonnante, comme par exemple le corps du soleil, mais qu'il possède uniquement une lumière subtile. On pourroit dire encore que sa clarté est celle de la gloire et n'a pas de conformité avec la clarté naturelle.

ARTICULUS IV.

Utrùm tempus sit concreatum materiæ informi.

Ad quartum sic proceditur. Videtur quòd tempus non sit concreatum materiæ informi. Dicit enim Augustinus, XII. Confess., ad Deum loquens : « Duo reperio quæ fecisti carentia temporibus, » scilicet materiam primam corporalem, et naturam angelicam. Non ergo tempus est concreatum materiæ informi.

ARTICLE IV.

Le temps a-t-il été créé simultanément avec la matière informe ?

1. Il semble que le temps n'ait pas été créé simultanément avec la matière informe. Car saint Augustin dit en s'adressant à Dieu (Conf. lib. XII, cap. 12) : Je trouve deux choses que vous avez faites sans les assujettir au temps, la matière première des corps et la nature angélique. Le temps n'a donc pas été créé simultanément avec la matière informe.

ARTICLE IV.

Le temps a-t-il été créé avec la matière informe ?

Il paroît que le temps n'a pas été créé avec la matière informe. 1° Saint Augustin, Confess., XII, 12, dit en s'adressant à Dieu : « Je trouve deux choses que vous avez faites en dehors du temps, » et ces deux choses sont la matière première des corps et la nature angélique. Donc le temps n'a pas été créé avec la matière informe.

2. Præterea, tempus dividitur per diem et noctem. Sed à principio neu nox, nec dies erat, sed postmodùm, cùm divisit Deus lucem à tenebris. Ergo à principio non erat tempus.

2. Le temps est divisé par le jour et la nuit. Or, dès le commencement il n'y avait ni jour ni nuit. Cette alternative de la nuit et du jour n'a existé qu'ensuite : Lorsque Dieu eut séparé la lumière des ténèbres. Donc le temps n'existait pas dès le commencement.

2° Le temps se divise par jour et par nuit. Mais au commencement il n'y avoit ni nuit ni jour ; ils n'existèrent que lorsque Dieu eut divisé la lumière des ténèbres. Donc le temps n'étoit pas dès le commencement.

3. Præterea, tempus est numerus motûs firmamenti, quod legitur factum secundo die. Ergo à principio non erat tempus.

3. Le temps est le nombre qui mesure les mouvements du firmament. Or, d'après la Genèse, le firmament n'a été fait qu'au second jour. Donc le temps n'existait pas dès le commencement.

3° Le temps est le nombre des mouvements du firmament, et le firmament n'a été fait que le second jour. Donc le temps n'étoit pas dès le commencement.

Texte latin.

4. Præterea, motus est prior tempore. Magis igitur debebat numerari inter primò creata, quàm tempus.

5. Præterea, sicut tempus est mensura extrinseca, ita et locus. Non ergo magis debet computari inter primò creata tempus, quàm locus.

Sed contra est, quòd Augustinus dicit *Super Gen. ad litt.*, quòd « spiritualis et corporalis creatura est creata in principio temporis. »

(Conclusio. — In prima mundi origine fuit tempus informi materiæ concreatum.)

Respondeo dicendum, quòd communiter dicitur, quatuor esse primo creata, scilicet naturam angelicam, cœlum empyreum, materiam corporalem informem, et tempus. Sed attendendum est, quod hoc dictum non procedit secundùm Augustini opinionem. Augustinus enim ponit duo primò creata, scilicet naturam angelicam, et materiam corporalem, nulla mentione facta de cœlo empyreo. Hæc autem duo, scilicet natura angelica et materia informis, præcedunt formationem non duratione, sed natura. Et sicut natura præcedunt formationem, ita etiam et motum, et tempus. Unde tempus non potest eis connumerari. Procedit autem prædicta enumeratio secundùm opinionem aliorum sanctorum, ponentium quòd informitas materiæ duratione præcessit formationem : et tunc pro illa duratione necesse est

M. Drioux (Vol. 1, p. 575-576).

4. Le mouvement est antérieur au temps. On devrait donc mettre le mouvement plutôt que le temps au nombre des choses qui ont été d'abord créées.

5. Comme le temps est la mesure extrinsèque des choses, de même aussi le lieu. On ne doit donc pas mettre le temps plutôt que le lieu au nombre des choses qui ont été d'abord créées.

Mais c'est le *contraire*. Car saint Augustin dit (*Sup. Gen.* lib. I, cap. 3), que les créatures spirituelles et corporelles ont été créées au commencement du temps.

CONCLUSION. — A l'origine du monde, le temps a été créé simultanément avec la matière informe.

Il faut répondre qu'ordinairement on distingue quatre choses qui ont été primitivement créées : la nature angélique, le ciel empyrée, la matière corporelle informe et le temps. Mais il faut remarquer que ce système n'est pas celui de saint Augustin. Car il ne distingue que deux choses qui ont été primitivement créées, la nature angélique et la matière corporelle, et il ne fait aucune mention du ciel empyrée. Ces deux choses, d'après ce docteur, la nature angélique et la matière informe, précèdent la formation des êtres, non d'une priorité de temps, mais d'une priorité de nature. Comme ces deux choses sont naturellement antérieures à la formation des êtres, elles sont également antérieures au mouvement et au temps ; par conséquent, on ne peut pas dire que le temps ait été créé avec elles. L'autre énumération que nous avons faite est conforme au sentiment des autres Pères qui admettent

M. Lachat (vol. III, p. 30-34).

4° Le mouvement est antérieur au temps. Il faudroit donc le compter, plutôt que le temps, au nombre des choses créées dès l'origine.

5° Le temps est une mesure extrinsèque, et il en est de même du lieu. Le temps ne peut donc pas être compté plus que le lieu au nombre des choses primitivement créées.

Mais le contraire résulte de ce que dit saint Augustin, dans son traité sur la Genèse : « La créature spirituelle et la créature corporelle ont été faites au commencement du temps. »

(Conclusion. — Dès la première origine du monde le temps fut créé avec la matière informe.)

Le sentiment commun est que quatre choses furent primitivement créées, la nature angélique, le ciel empyrée, la matière informe et le temps. Il faut néanmoins remarquer que cette affirmation ne procède pas de l'opinion de saint Augustin. Suivant ce Père, deux choses ont été d'abord créées, la nature angélique et la matière corporelle ; il ne fait aucune mention du ciel empyrée. Or la nature angélique et la matière informe, précèdent la formation du monde, non par le temps, mais par la nature ; et de même que ces deux choses précèdent naturellement la formation du monde, de même elles doivent précéder le mouvement et le temps. Donc le temps ne sauroit être rangé avec elles. Le sentiment énoncé plus haut procède de l'opinion des autres Pères qui pensoient que la matière informe a précédé par le temps la matière formée. Dans cette opinion il falloit nécessairement admettre l'existence du temps, en

ponere tempus, aliquod; aliter enim mensura durationis accipi non potest.

Ad primum ergo dicendum, quòd Augustinus hoc dicit ea ratione qua natura angelica et materia informis praecedunt origine seu natura tempus.

Ad secundum dicendum, quòd sicut secundùm alios sanctos materia erat quodammodo informis, et postea fuit formata; ita tempus quodammodo fuit informe, et postmodùm formatum et distinctum per diem et noctem.

Ad tertium dicendum, quòd si motus firmamenti non statim à principio incipit, tunc tempus quod praecessit, non erat numerus motûs firmamenti, sed cujuscumque primi motûs. Accidit enim tempori quòd sit numerus motûs firmamenti, in quantum hic motus est primus motuum. Si autem esset alius motus primus, illius motûs mensura esset tempus, quia omnia mensurantur primo sui generis. Oportet autem dicere statim à principio fuisse aliquem motum, ad minus secundùm successionem conceptionum et affectionum in mente aliqua. Motum autem non est intelligere sine tempore, cùm nihil aliud sit tempus « quam numerus prioris et posterioris in motu. »

Ad quartum dicendum, quòd inter primo

que l'informité de la matière a précédé temporairement sa formation, parce que cette durée antérieure suppose nécessairement l'existence du temps, autrement elle n'aurait pas eu de mesure.

Il faut répondre au *premier* argument, que saint Augustin parle ainsi parce que, dans son sentiment, la nature angélique et la matière informe ont sur le temps une priorité d'origine ou de nature.

Il faut répondre au *second*, que comme, d'après les autres Pères, la matière fut d'abord informe et qu'elle fut ensuite formée, de même le temps fut d'abord informe et qu'il fut ensuite formé, c'est-à-dire régulièrement divisé par le jour et la nuit.

Il faut répondre au *troisième*, que si le mouvement du firmament n'a pas commencé immédiatement dès le principe, alors le temps qui a précédé n'avait pas ce mouvement pour mesure, mais un autre mouvement premier quelconque. Car si le temps a aujourd'hui pour mesure le mouvement du firmament, c'est parce que ce mouvement est le premier de tous. Mais s'il y avait un autre mouvement premier, ce mouvement deviendrait la mesure du temps, parce que tous les êtres ont pour mesure ce qu'il y a de primordial dans leur genre. Il faut donc dire que dès le commencement il y a eu un mouvement quelconque, ne serait-ce que celui qui résulte de la succession des pensées et des affections de l'esprit. Or, on ne peut concevoir le mouvement sans le temps, puisque le temps n'est rien autre chose que ce qui compte le moment d'avant et le moment d'après dans le mouvement.

Il faut répondre au *quatrième*, que parmi les

dehors duquel la durée seroit sans mesure possible.

Je réponds aux arguments : 1° Les paroles de saint Augustin s'expliquent par cette opinion que la nature angélique et la matière informe précèdent le temps dans l'ordre de nature ou d'origine.

2° De même que dans l'opinion des autres Pères la matière fut d'abord informe, et ensuite formée, de même le temps fut d'abord en quelque sorte informe, puis formé et mesuré par le jour et la nuit.

3° Si le mouvement du firmament n'a pas immédiatement commencé à l'origine du monde, le temps qui précéda ne pouvoit évidemment être le nombre de ce mouvement, il devoit être celui d'un mouvement premier quelconque. Le temps en effet est le nombre du mouvement du firmament, en tant que ce mouvement est le premier de tous. Mais s'il étoit un autre mouvement qui fût le premier, c'est de ce mouvement que le temps seroit le nombre ou la mesure ; car toutes les choses se mesurent suivant la première de leur genre. Or, il faut dire que dès le premier instant de la création il y eut un certain mouvement, ne seroit-ce que par la succession des conceptions et des affections dans une âme ; et le mouvement ne se comprend pas sans le temps, puisque le temps n'est autre chose que le nombre de ce qui précède et de ce qui suit dans le mouvement.

4° Parmi les choses primitivement créées il faut

Texte latin

creata computantur ea quæ habent generalem habitudinem ad res. Et ideo computari debuit tempus, quod habet rationem communis mensuræ; non autem motus, qui comparatur solum ad subjectum mobile.

M. Drioux (vol. I, p. 875, 876).

choses qui ont été primitivement créées, on compte celles qui se rapportent généralement à tous les êtres. On a dû y comprendre le temps, qui est la mesure commune de tout ce qui existe, mais on n'a pas dû y comprendre le mouvement, qui ne se rapporte qu'aux choses qui sont mobiles.

M. Lachat (vol. III, p. 30-34).

compter celles qui ont un rapport général avec les êtres. Voilà pourquoi il faut y compter le temps, qui est une commune mesure, et non le mouvement, qui n'a de rapports qu'avec le sujet mobile.

PREMIÈRE PARTIE.

TRAITÉ DES ANGES.

ARTICLE V.

Les ordres angéliques sont-ils convenablement nommés? (Suite.)

Texte latin.

Ad tertium dicendum, quòd nomen *Dominationis et Potestatis* et *Principatûs* diversimodè ad gubernationem pertinet; nam domini est solummodo præcipere de agendis. Et ideo Gregorius dicit (ut suprà), quòd « quædam angelorum agmina, pro eo quòd eis cætera ad obediendum subjecta sunt, Dominationes vocantur. » Nomen verò *Potestatis* ordinationem quamdam designat, secundùm illud Apostoli *ad Rom.*, XIII : « Qui potestati resistit, Dei ordinationi resistit. » Et ideo Dionysius dicit (cap. 8), quòd nomen *Potestatis* significat quamdam ordinationem, et circa susceptionem divinorum, et circa actiones divinas, quas superiores in inferiores agunt, eos sursum ducendo. Ad ordinem ergo Potestatum pertinet ordinare quæ à subditis sint agenda. Principari verò, ut Gregorius dicit, « est inter reliquos priorem existere, » quasi primi sint in executione eorum quæ imperantur. Et ideo Dionysius dicit, IX. cap. *Cœlest. hierarch.*,

M. Drioux (vol. II, p. 288, 289).

Il faut répondre au *troisième*, que les noms de *Domination*, de *Puissance* et de *Principauté* se rapportent au gouvernement, mais en des sens divers. Le propre des *Dominations* c'est de commander ce qu'il faut faire. C'est ce qui fait dire à saint Grégoire, qu'il y a un ordre d'anges qui reçoit le nom de *Dominations* parce qu'il y en a d'autres qui leur sont soumis et qui doivent leur obéir. Le mot de *Puissances* désigne un certain ordre, d'après ces paroles de l'Apôtre : *Celui qui résiste à la Puissance résiste à l'ordre de Dieu* (Rom. XIII, 2). C'est pourquoi saint Denis dit que le nom des Puissances rappelle l'ordre parfait selon lequel les esprits célestes reçoivent l'action divine et la communiquent à ceux qui sont au-dessous d'eux pour les élever ainsi jusqu'à l'Être des êtres. C'est donc aux Puissances qu'il appartient de régler ou d'ordonner ce que doivent faire ceux qui leur obéissent. D'après saint Grégoire les Principautés tiennent le premier rang parmi les esprits célestes. Ce sont elles qui sont les premières à exécuter ce

M. Lachat (vol. IV, p. 40-44).

3° Les noms de Domination, de Puissance et de Principauté expriment le gouvernement sous divers rapports ; car la charge du Seigneur consiste seulement à ordonner ce qu'il faut faire. Aussi saint Grégoire dit-il que « certains bataillons d'anges, parce que les autres leur doivent obéissance, sont appelés Dominations. » Le nom de Puissance emporte l'idée d'un certain ordre, selon ce passage de l'Apôtre, *Rom.*, XIII, 2 : « Celui qui résiste à la puissance résiste à l'ordre voulu par Dieu. » C'est pourquoi saint Denis dit que « le nom de Puissance » désigne la réalisation d'un ordre embrassant et la réception des choses divines et les actions divines que les ordres supérieurs exercent sur les inférieurs, en les élevant vers Dieu. » A l'ordre des Puissances appartient donc de mettre l'ordre parmi les choses que les inférieurs doivent exécuter. Etre prince, d'après saint Grégoire, « c'est être le premier parmi les autres ; » par exemple, être les premiers à exécuter les ordres prescrits. De là saint Denis dit, *De cœl. Hier.*, IX, que « le nom des Principautés désigne

3

Texte latin.

quòd nomen « Principatuum *significat* ductivum cum ordine sacro. » Illi enim qui alios ducunt primi inter eos existentes, *principes* propriè vocantur, secundùm illud *Psalm.* LXVII : « Prævenerunt principes conjuncti psallentibus. »

Ad quartum dicendum, quòd Archangeli, secundùm Dionysium, medii sunt inter Principatus et Angelos. Medium autem comparatum uni extremo, videtur alterum, in quantum participat naturam utriusque : sicut tepidum respectu calidi est frigidum, respectu vero frigidi est calidum. Sic et *Archangeli* dicuntur quasi *principes angeli*, quia respectu Angelorum sunt principes, respectu verò Principatuum sunt angeli. Secundùm Gregorium autem dicuntur *Archangeli* ex eo quòd principantur soli ordini angelorum, quasi magna nuntiantes. *Principatus* autem dicuntur ex eo quòd principantur omnibus cœlestibus virtutibus divinas jussiones explentibus.

Ad quintum dicendum, quòd nomen *Seraphim* non imponitur tantùm à charitate, sed à charitatis excessu, quem importat nomen ardoris vel incendii. Undè Dionysius, VII cap. *Cœlest. hierarch.*, exponit nomen *Seraphim* secundùm proprietates ignis, in quo est excessus caliditatis. In igne autem tria possumus considerare. Primò quidem, motum qui et sursum et qui est continuus ; per quod significatur quòd indeclinabiliter moventur in Deum. Se-

M. Drioux (vol. II, p. 289, 290).

qui est commandé. C'est pourquoi saint Denis dit qu'elles sont ainsi appelées à diriger et à guider les autres ordres sacrés. Car ceux qui dirigent les autres et qui sont placés au premier rang parmi eux reçoivent à proprement parler le nom de princes, d'après ces paroles du Psalmiste (*Ps.* LXVII, 26) : *Les princes, avec ceux qui chantent de saints cantiques, vinrent au-devant de lui.*

Il faut répondre au *quatrième*, que d'après saint Denis (*De eccl hier.*, cap. 9) les archanges tiennent le milieu entre les principautés et les anges. Or, le milieu comparé à un extrême semble tout à fait différer de lui bien qu'il participe à la nature de l'un et de l'autre. Ainsi le tiède est froid par rapport au chaud et il est chaud par rapport au froid. Par conséquent les archanges sont ainsi appelés comme étant les chefs des anges, parce qu'ils sont en effet des chefs quand on les considère par rapport à eux, tandis qu'ils ne sont que des anges par rapport aux Principautés. D'après saint Grégoire (*loc. cit.*), les *archanges* doivent leur nom à la supériorité qu'ils ont sur les anges comme étant appelés à annoncer toutes les grandes choses, et les *Principautés* sont ainsi nommées parce qu'elles sont placées au-dessus de toutes les vertus célestes qui remplissent les ordres de Dieu.

Il faut répondre au *cinquième*, que les séraphins ne doivent pas seulement leur nom à la charité, mais à l'excès de leur amour qu'on désigne par les mots de flamme ou d'incendie. C'est pourquoi saint Denis, en expliquant ce nom (*De eccl. hier.* cap. 7), compare leur ardeur aux propriétés du feu qui renferme la chaleur la plus élevée. Or, dans le feu, il y a trois choses à considérer : 1° le mouvement d'ascension qui est continuel et qui représente l'élan qui entraîne directement les séraphins vers Dieu ; 2° sa puissance

M. Lachat (vol. IV, p. 40-44).

l'action de conduire les autres dans la réalisation d'un ordre sacré. » Ceux, en effet, qui conduisent les autres, étant ainsi les premiers parmi eux, sont proprement appelés princes, conformément à ce passage, *Ps.* LXVII, 26 : « En tête marchèrent les princes unis aux chanteurs. »

4° Les Archanges, selon saint Denis, tiennent le milieu entre les Principautés et les Anges. Or ce qui tient le milieu, comparé à l'un des extrêmes, en paroît différent, en tant qu'il participe de la nature des deux. Ainsi, ce qui est tiède paroît froid à côté de ce qui est chaud, et chaud à côté de ce qui est froid. De même, les Archanges sont ainsi nommés, comme étant princes parmi les anges ; parce que, comparés aux anges, ils sont princes ; et comparés aux principautés, ils sont anges. Selon saint Grégoire, les Archanges tirent leur nom de ce qu'ils sont au-dessus du seul ordre des anges, en tant qu'ils annoncent les grandes choses. Les Principautés tirent leur nom de ce qu'elles sont au-dessus de toutes les vertus célestes chargées d'accomplir les ordres de Dieu.

5° Le nom des Séraphins ne leur vient pas tant de la charité que de l'excès de charité qu'emporte le mot ardeur ou incendie. C'est pourquoi saint Denis, *De cœl. Hier.*, VII, explique le nom des Séraphins par les propriétés du feu dans lequel il y a excès de chaleur. Or nous pouvons considérer trois choses dans le feu. D'abord le mouvement se dirigeant en haut, lequel est continu : il signifie le mouvement qui le porte inflexiblement vers Dieu. En second lieu, sa vertu active constituant le chaud,

Texte latin.

cundò verò, virtutem activam ejus, quæ est *calidum;* quod quidem non simpliciter invenitur in igne, sèd cum quâdam acuitate; quia maximè est penetrativus in agendo, et pertingit usque ad minima, et iterùm cum quodam super excedenti fervore; et per hoc significatur actio hujusmodi angelorum, quam in subditos potenter exercent, eos in sublimem fervorem excitantes, et totaliter per incendium purgantes. Tertiò consideratur in igne claritas ejus; et hoc significat quòd hujusmodi angeli in seipsis habent inextinguibilem lucem, et quòd alios perfectè illuminant. Similiter etiam nomen *Cherubim* imponitur à quodam excessu scientiæ, unde interpretatur *plenitudo scientiæ.* Quod Dionysius exponit quantum ad quatuor : primò quidem, quantum ad perfectam Dei visionem; secundò, quantum ad plenam susceptionem divini luminis; tertiò, quantum ad hoc quòd in ipso Deo contemplantur pulchritudinem ordinis rerum à Deo derivatam; quartò, quantum ad hoc quòd ipsi pleni existentes hujusmodi cognitione, eam copiosè in alios effundunt.

Ad sextum dicendum, quòd ordo *Thronorum* habet excellentiam præ inferioribus ordinibus, in hoc quòd immediatè in Deo rationes divinorum operum cognoscere possunt. Sed *Cherubim* habent excellentiam scientiæ ; *Seraphim* verò excellentiam ardoris, et licèt in his duabus excellentiis includatur tertia, non tamen in illa quæ est Thronorum, includuntur aliæ duæ. Et ideò ordo *Thronorum* distinguitur ab ordine *Cherubim* et *Seraphim.* Hoc enim est commune omnibus quòd excellentia inferioris continetur

M. Drioux (vol. II, p. 290).

active qui est la chaleur. Elle n'existe pas seule en lui, mais elle est unie à une vertu pénétrante qui fait que, quand le feu s'attache à un objet, il s'en empare au point de l'embraser dans toutes ses parties et de lui communiquer l'excès de chaleur qu'il a lui-même. C'est ce qui représente l'action puissante que les séraphins exercent sur ceux qui leur sont soumis en les pénétrant des feux dont ils sont eux-mêmes dévorés et en les purifiant de toute souillure par les flammes de ce divin incendie. 3° La troisième propriété du feu est sa clarté. Elle représente la lumière inextinguible que ces anges possèdent en eux-mêmes et par laquelle ils éclairent parfaitement les autres. De même le nom de *chérubin* désigne l'excellence de la science. C'est ce qui fait dire que les anges qui portent ce nom possèdent la plénitude de la science. D'après saint Denis (*De eccl. hier.* cap. 7), ce nom désigne quatre choses : 1° que les chérubins voient Dieu parfaitement; 2° qu'ils reçoivent pleinement ses divines lumières; 3° qu'ils contemplent en lui la beauté de l'univers telle qu'elle émane de sa lumière incréée; 4° que, jouissant de la plénitude de la science, ils la répandent abondamment sur les autres.

Il faut répondre au *sixième,* que l'ordre des *Trônes* l'emporte sur les ordres inférieurs en ce que les anges en ont en partie peuvent connaître en Dieu immédiatement les raisons de ses œuvres. Les chérubins ont la supériorité de la science et les séraphins celle de l'amour. Quoique ces deux sortes de supériorité impliquent celle qui appartient aux *Trônes,* celle des *Trônes* ne les comprend pas, et c'est pour ce motif que l'ordre des *Trônes* se distingue de celui des chérubins et des séraphins. Il arrive d'ailleurs toujours que les êtres supérieurs ont toutes les qualités de

M. Lachat (vol. IV, p. 40-44).

laquel ne se trouve dans le feu que mêlé à une certaine activité pénétrante; parce que, dans son action, il est doué d'une pénétration extrême, atteignant jusqu'aux moindres choses, et souvent avec une ardeur excessive. Et cela signifie l'action puissante que ces anges exercent sur leurs sujets, les excitant à une ferveur sublime, et les purifiant complétement par l'incendie qu'ils allument en eux. En troisième lieu, on peut considérer dans le feu son éclat : et cela signifie que ces anges ont en eux-mêmes une lumière inextinguible, et qu'ils illuminent parfaitement les autres anges. De même, le nom des Chérubins leur vient d'un certain excès de science; c'est pourquoi il signifie plénitude de science. Saint Denis en assigne quatre causes : d'abord la vision parfaite de Dieu; secondement, la pleine réception de la lumière divine; troisièmement, la contemplation en Dieu de la beauté de l'ordre du monde, dérivée de lui; quatrièmement, l'acte par lequel, inondés de cette connoissance, ils la répandent abondamment dans les autres.

6° L'ordre des Trônes possède de plus que les ordres inférieurs ce privilège, à savoir qu'ils peuvent connaître immédiatement en Dieu les raisons des œuvres divines. Mais les Chérubins possèdent le privilége de la science, et les Séraphins le privilége de l'ardeur. Et quoique dans ces deux priviléges soit renfermé le troisième, cependant les deux autres ne sont pas renfermés dans le privilége des Trônes. C'est pourquoi l'ordre des Trônes est distinct de celui des Chérubins et des Séraphins. Car cela est commun à tous, que le privilége de l'ordre inférieur

Texte latin.

in excellentiâ superioris, et non à converso. Exponit autem Dionysius nomen *Thronorum* per convenientiam ad materiales sedes. In quibus est quatuor considerare. Primò quidem situm, quia sedes super terram elevantur; et sic ipsi angeli, qui *Throni* dicuntur, elevantur usque ad hoc quòd in Deo immediatè rationes rerum cognoscant. Secundò, in materialibus sedibus consideratur firmitas, quia in ipsis aliquis firmiter sedet : hic autem est è converso; nam ipsi angeli firmantur per Deum. Tertiò, quia sedes suscipit sedentem, et in ea deferri potest; sic et ipsi angeli suscipiunt Deum in seipsis, et eum quodammodò ad inferiores ferunt. Quartò, ex figura, quia sedes ex una parte est aperta ad suscipiendum sedentem : ita et isti angeli sunt per promptitudinem aperti ad suscipiendum Deum et famulandum ipsi.

ARTICULUS VI.

Utrùm convenienter gradus ordinum assignentur.

1. Ad sextum sic proceditur. Videtur quòd inconvenienter gradus ordinum assignentur. Ordo enim prælatorum videtur esse supremus. Sed Dominationes, Principatus et Potestates ex ipsis nominibus prælationem quamdam habent. Ergo isti ordines debent esse inter omnes supremi.

2. Præterea, quantò aliquis ordo est Deo propinquior, tantò est superior. Sed ordo Thronorum videtur esse Deo propinquissimus; nihil

---

M. Drioux (vol. II, p. 290).

ceux qui sont au-dessous d'eux, tandis que ceux-ci n'ont pas celles de ceux qui les dominent. Saint Denis, en exposant les rapports ou les analogies qu'il y a entre les Trônes et les siéges matériels, distingue quatre choses : 1° La situation, comme les siéges s'élèvent au-dessus de la terre, de même les anges qui portent le nom de Trônes s'élèvent jusqu'à ce qu'ils connaissent en Dieu immédiatement les raisons des choses, 2° La fixité. Les siéges matériels sont pour celui qui les occupe un moyen de fixité, mais c'est le contraire pour les anges : ils sont eux-mêmes affermis par Dieu. 3° Le siége reçoit celui qui s'y assied et peut servir à le transporter. De même ces anges reçoivent Dieu en eux et le portent en quelque sorte aux anges inférieurs. 4° La figure. Comme le siége est ouvert d'un côté pour recevoir celui qui s'y assied, de même les anges sont toujours prêts à recevoir Dieu et à le servir.

ARTICLE VI.

Les degrés de chaque ordre sont-ils convenablement assignés ?

1. Il semble que les degrés de chaque ordre ne soient pas convenablement assignés. Car l'ordre des prélats semble être le plus élevé. Or, les Dominations, les Principautés et les Puissances paraissent, d'après leur nom, exercer une certaine prélature. Donc ces ordres doivent être placés au premier rang.

2. Plus un ordre approche de Dieu et plus il est élevé. Or, il semble que l'ordre des Trônes soit le plus près de Dieu, parce que rien n'est plus près de

---

M. Lachat (vol. IV, p. 40-41)

est renfermé dans celui de l'ordre supérieur, mais non réciproquement. Saint Denis explique le nom des Trônes par leurs rapports de convenance avec les siéges matériels. Dans ces siéges on peut considérer quatre choses. D'abord la position; car les siéges sont élevés au-dessus de la terre : et ainsi ces anges nommés Trônes sont élevés au point de connoître immédiatement en Dieu les raisons des choses. On remarque, en second lieu, dans les siéges matériels, la solidité; car on se repose sur eux en sûreté. Mais ici il y a réciprocité, parce que les anges reçoivent leur solidité de Dieu. Troisièmement, le siége reçoit celui qui s'assied et peut servir à le transporter. De même ces anges reçoivent Dieu en eux-mêmes, et le portent en quelque sorte aux anges inférieurs. Quatrièmement, ces siéges sont la figure de ces anges, parce qu'ils sont ouverts, dans une de leurs parties, pour recevoir celui qui s'assied : ainsi ces anges sont, par leur promptitude, comme ouverts pour recevoir Dieu et le servir.

ARTICLE VI.

Les degrés des ordres sont-ils convenablement assignés ?

Il paroît que les degrés des ordres ne sont pas convenablement assignés. 1° L'ordre des prélats semble être le plus élevé. Or les Dominations, les Principautés et les Puissances ont, par leurs noms mêmes, une certaine prélature. Donc, ces ordres doivent être les premiers entre tous.

2° Autant un ordre est rapproché de Dieu, autant il est élevé. Or l'ordre des Trônes semble être le plus proche de Dieu; car rien n'est plus proche de celui-

enim conjungitur propinquius sedenti quàm sua sedes. Ergo ordo Thronorum est altissimus.

3. Præterea, scientia est prior quàm amor, et intellectus videtur esse altior quàm voluntas. Ergo et ordo Cherubim videtur esse altior quàm ordo Seraphim.

4. Præterea, Gregorius ponit Principatus super Potestates. Non ergo collocantur immediatè super Archangelos, ut Dionysius dicit.

Sed contra est, quòd Dionysius ponit in prima quidem hierarchia *Seraphim* ut primos, *Cherubim* ut medios, *Thronos* ut ultimos; in media verò, *Dominationes* ut primos, *Virtutes* ut medios, *Potestates* ut ultimos; in ultima, *Principatus* ut primos, *Archangelos* ut medios, *Angelos* ut ultimos.

(CONCLUSIO. — Pro diversitate expositionis nominum ipsorum ordinum in angelis, non malè etiam secundùm Scripturas, differentes gradus quorumdam ordinum à Dionysio et Gregorio assignantur.)

Respondeo dicendum, quòd gradus angelicorum ordinum assignant et Gregorius et Dionysius quantum ad alia quidem convenienter, sed quantum ad *Principatus* et *Virtutes* differenter. Nam Dionysius collocat *Virtutes* sub Dominationibus et suprà Potestates, *Principatus* autem sub Potestatibus et suprà Angelos.

celui qui est assis que son siége. Donc l'ordre des Trônes est le plus élevé.

3. La science est antérieure à l'amour et l'intellect semble plus élevé que la volonté. Donc l'ordre des Chérubins semble être au-dessus de l'ordre des Séraphins.

4. Saint Grégoire met les Principautés au-dessus des Puissances (*Hom.* XXIV *in Evang.*) Elles ne sont donc pas placées immédiatement au-dessus des Archanges, comme le dit saint Denis (*De eccl. hier. cap.* 9).

Mais c'est le *contraire*. Car saint Denis place dans la première hiérarchie les *Séraphins* au premier rang, les *Chérubins* au second et les *Trônes* au dernier; dans la seconde hiérarchie il place les *Dominations*, ensuite les *Vertus* et enfin les *Puissances*. Dans la dernière les *Principautés* sont au sommet, les *Archanges* au milieu et les *Anges* à la fin.

CONCLUSION. — Eu égard à la diversité des explications qu'ils donnent des noms des ordres angéliques, saint Denis et saint Grégoire n'ont pas mal assigné, même d'après les Écritures, les différents degrés de chacun de ces ordres.

Il faut répondre qu'en assignant aux ordres des anges le rang qu'ils occupent, saint Denis et saint Grégoire sont d'accord en général; ils ne diffèrent que par rapport aux Principautés et aux Vertus. Car saint Denis place les *Vertus* au-dessous des *Dominations* et au-dessus des *Puissances*, et les *Principautés* au-dessous des *Puissances* et au-dessus des *Archan-*

qui s'asseoit que le siége lui-même. Donc l'ordre des Trônes est le plus élevé.

3° La science a la priorité sur l'amour; et l'intelligence paroît être plus élevée que la volonté. Donc, l'ordre des Chérubins paroît être plus élevé que l'ordre des Séraphins.

4° Saint Grégoire place les Principautés au-dessus des Puissances. Donc elles ne sont pas immédiatement au-dessus des Archanges, comme le veut saint Denis.

Mais, au contraire, saint Denis place dans la première hiérarchie, au premier rang les Séraphins, au second les Chérubins, les Trônes au dernier: dans la hiérarchie intermédiaire, il place d'abord les Dominations, puis les Vertus enfin les Puissances: dans la dernière hiérarchie, il place premièrement les Principautés; en second lieu les Archanges, en troisième lieu les Anges.

(CONCLUSION. — Selon l'expression diverse des noms assignés aux ordres angéliques, ce n'est pas à tort, même en suivant l'Écriture, que saint Denis et saint Grégoire assignent différemment les degrés de certains ordres.)

Saint Grégoire et saint Denis sont d'accord pour assigner les degrés de certains ordres angéliques, mais ils diffèrent sur les Vertus et les Principautés. Car saint Denis place les Vertus au-dessous des Dominations et au-dessus des Puissances; et les Principautés au-dessous des Puissances et au-dessus des Anges. Saint Grégoire place les Principautés entre

Texte latin.

Gregorius autem ponit *Principatus* in medio Dominationum et Potestatum, *Virtutes* verò in medio Potestatum et Archangelorum. Et utraque assignatio fulcimentum habere potest ex auctoritate Apostoli, qui medios ordines ascendendo enumerans, dicit, *Ephes.*, I, quòd « Deus constituit illum (scilicet Christum) ad dexteram suam, in cœlestibus supra omnem principatum et potestatem, et virtatem, et dominationem. » Ubi *virtutem* ponit inter potestatem et dominationem, secundùm assignationem Dionysii. Sed, *ad Coloss.*, I, enumerans eosdem ordines descendendo, dicit : « Sive Throni, sive Dominationes, sive Principatus, sive Potestates, omnia per ipsum et in ipso creata sunt. » Ubi Principatus ponit medios inter Dominationes et Potestates, secundùm assignationem Gregorii.

Primò igitur videamus rationem assignationis Dionysii. In qua considerandum est, quòd sicut suprà dictum est (art. 1), prima hierarchia inspicit rationes rerum in ipso Deo; secunda verò in causis universalibus; tertia verò secundùm determinationem ad speciales effectus. Et quia Deus est finis non solùm angelicorum ministeriorum, sed etiam totius creaturæ, ad primam hierarchiam pertinet consideratio finis; ad mediam verò dispositio universalis de agendis; ad ultimam autem applicatio dispositionis ad effectum, quæ est operis executio. Hæc enim tria manifestum est in qualibet operatione inveniri. Et ideo Dionysius ex nominibus ordinum proprietates illorum considerans, illos ordines in prima hierarchia posuit, quorum nomina imponuntur per respectum ad Deum, scilicet *Seraphim* et *Cheru-*

M. Drioux (vol. I, p. 290, 291).

...ges Saint Grégoire au contraire place les *Principautés* entre les *Dominations* et les *Puissances*, et il met les *Vertus* entre les *Puissances* et les *Archanges*. Ces deux classifications peuvent l'une et l'autre s'appuyer de l'autorité de saint Paul. Car dans un endroit (*Eph.* I, 20), le grand Apôtre énumérant les ordres intermédiaires en suivant une marche ascendante dit : *Que Dieu a placé le Christ à sa droite dans les cieux au-dessus de toutes les Principautés, les Puissances, les Vertus et les Dominations.* Dans ce passage il place, comme le fait saint Denis, les Vertus entre les Puissances et les Dominations. Ailleurs (*Col.* I, 16) il énumère les mêmes ordres en suivant une marche descendante quand il dit : *Les Trônes, les Dominations, les Principautés, les Puissances, tout a été créé par lui et en lui.* Il place alors les Principautés entre les Dominations et les Puissances, comme le fait saint Grégoire. — Voyons donc d'abord les raisons sur lesquelles saint Denis s'est appuyé pour déterminer le rang que chacun des ordres célestes doit occuper. Il est à remarquer que d'après lui, comme nous l'avons dit (art. 2 huj. quæst.), la première hiérarchie voit en Dieu même les raisons des choses ; la seconde les voit dans les causes universelles, et la troisième dans leurs causes selon qu'elles sont déterminées à des effets spéciaux. Et comme Dieu est la fin, non-seulement des fonctions que tous les anges remplissent, mais encore de toute créature, c'est à la première hiérarchie qu'il appartient de considérer la fin, la seconde doit préparer en général ce que l'on doit faire, et la dernière doit appliquer ce qui est préparé, c'est-à-dire exécuter. Car il est évident que dans toute opération on trouve ces trois choses. C'est pourquoi saint Denis considérant les propriétés des ordres d'après leurs noms a placé dans la première hiérarchie les

M. Lachat (vol. IV, p. 40-44).

les Dominations et les Puissances, et les Vertus entre les Puissances et les Archanges. Et ces deux expositions peuvent avoir leur fondement dans l'autorité de l'Apôtre qui, énumérant les ordres intermédiaires en remontant, dit, *Ephes.*, I, 20 : « Dieu l'a établi (Jésus-Christ) à sa droite dans les cieux, au-dessus de toutes les Principautés, des Puissances, des Vertus et des Dominations, » plaçant ainsi les Vertus entre les Puissances et les Dominations, selon l'exposition de saint Denis. Mais, *Coloss.*, I, 16, énumérant les mêmes ordres en descendant, il dit : « Toutes choses, les Trônes comme les Dominations, les Principautés comme les Puissances, ont été créées par lui et en lui; » plaçant ainsi les Principautés entre les Dominations et les Puissances, selon le rang que leur assigne saint Grégoire. Voyons d'abord la raison du rang assigné par saint Denis. Il faut considérer pour cela que, d'après ce qui a été dit plus haut, la première hiérarchie contemple les raisons des choses en Dieu lui-même, tandis que la seconde les contemple dans les causes universelles, et la troisième dans la détermination de ces causes aux effets particuliers. Et comme Dieu est la fin, non-seulement des fonctions des anges, mais de toute créature, à la première hiérarchie appartient la considération de la fin; à la hiérarchie intermédiaire, la disposition de toutes les œuvres à exécuter; à la dernière, la disposition appliquée à son effet, ou bien l'exécution de ces œuvres. Car il est manifeste que, dans toute opération, ces trois choses se rencontrent. C'est pourquoi saint Denis, considérant les propriétés de chaque ordre d'après leurs noms, a placé dans la première hiérarchie les ordres dont les noms les mettent en rapport immédiat avec Dieu, c'est-à-dire les Séraphins, les Chérubins et les Trônes. Dans la hiérarchie intermédiaire, il a

Texte latin.

...nim et *Thronos*. Illos verò ordines posuit in media hierarchia, quorum nomina designant communem quamdam gubernationem sive dispositionem, id est, *Dominationes, Virtutes* et *Potestates*. Illos verò ordines posuit in tertia hierarchia, quorum nomina designant operis executionem, scilicet *Principatus, Angelos* et *Archangelos*. In respectu autem ad finem tria considerari possunt. Nam primò aliquis considerat finem; secundò verò perfectam finis cognitionem accipit; tertiò verò intentionem suam in ipso defigit. Quorum secundum ex additione se habet ad primum, et tertium ad utrumque. Et quia Deus est finis creaturarum, sicut dux est finis exercitûs, ut dicitur in *Metaphys*. (text. 52), potest aliquid simile hujus ordinis considerari in rebus humanis. Nam quidam sunt qui hoc habent dignitatis, ut per seipsos familiariter accedere possint ad regem vel ducem. Quidam verò super hoc habent ut etiam secreta ejus cognoscant. Alii verò insuper circa ipsum semper inhærent quasi ei conjuncti. Et secundùm hanc similitudinem accipere possumus dispositionem in ordinibus primæ hierarchiæ. Nam *Throni* elevantur ad hoc quòd Deum familiariter in seipsis recipiant, secundùm quòd rationes rerum in ipso immediatè cognoscere possunt, quod est proprium totius primæ hierarchiæ. *Cherubim* verò supereminenter divina secreta cognoscunt. *Seraphim* verò excellunt in hoc quod est omnium supremum, scilicet Deo ipsi uniri.

M. Drioux (vol. II, p. 194).

...ordres dont les noms impliquent un rapport avec Dieu. Tels sont les *Séraphins*, les *Chérubins* et les *Trônes*. Il a placé dans la seconde ceux dont les noms désignent en général un gouvernement ou une disposition quelconque. Telles sont les *Dominations*, les *Vertus* et les *Puissances*. Enfin il a placé dans la troisième ceux dont les noms indiquent l'exécution d'une œuvre, comme les *Principautés*, les *Anges* et les *Archanges*. Or, une créature peut être en rapport avec sa fin de trois manières. En effet, on considère d'abord la fin; ensuite on en a une connaissance parfaite; enfin on s'y attache d'intention. La seconde de ces opérations suppose la première et y ajoute, la troisième suppose les deux autres et y ajoute aussi. Et comme Dieu est la fin des créatures, de la même manière que le général est la fin de l'armée, selon l'expression d'Aristote (*Met*. lib. xii, text. 52), nous pouvons trouver dans les choses humaines une certaine analogie avec ce qui se passe dans les choses célestes. Ainsi il y a un qui ont une dignité assez élevée pour qu'ils puissent d'eux-mêmes s'approcher familièrement du roi ou du général. Il y en a d'autres qui ont de plus l'avantage de connaître ses secrets; enfin il y en a d'autres qui sont toujours avec lui et qui ne le quittent pas plus que s'ils étaient une partie de lui-même. D'après cette comparaison nous pouvons nous faire une juste idée de la disposition des ordres qui composent la première hiérarchie. En effet, les Trônes sont élevés au point de recevoir Dieu en eux familièrement et de pouvoir connaître immédiatement les raisons des choses qui sont en lui; ce qui est le propre de toute la première hiérarchie; les chérubins ont une connaissance suréminente des secrets de Dieu, et les séraphins possèdent suréminemment le don qui est au-dessus de tous les autres, celui de l'union avec Dieu.

M. Lachat (vol. IV, p. 40-44).

...placé les ordres dont les noms indiquent un gouvernement ou une disposition générale, c'est-à-dire les Dominations, les Vertus et les Puissances. Dans la troisième hiérarchie, il a mis les ordres dont les noms désignent l'exécution de l'œuvre, c'est-à-dire les Principautés, les Anges et les Archanges. Par rapport à la fin, on peut considérer trois choses. D'abord on considère la fin elle-même; puis on en acquiert une connaissance parfaite; en troisième lieu, on fixe sur elle son intention. La seconde de ces choses s'ajoute à la première, et la troisième se rapporte aux deux autres. Or, Dieu étant la fin des créatures, comme le général est la fin de l'armée, *Metaph*., 52, on peut faire dans les choses humaines des considérations semblables. Car, certains ont une dignité telle, que par eux-mêmes ils peuvent approcher familièrement du roi ou du général. D'autres ont cela de plus encore, qu'ils connaissent ses secrets. D'autres enfin l'accompagnent partout comme s'ils lui étaient unis. Cette comparaison pourra nous expliquer la disposition des ordres de la première hiérarchie. Les Trônes sont élevés jusqu'à recevoir Dieu en eux-mêmes familièrement, en tant que capables de connaître immédiatement en lui les raisons des choses; ce qui est propre à toute la première hiérarchie. Les Chérubins connaissent d'une manière suréminente les secrets divins. L'excellence des Séraphins consiste dans le privilège qui est au-dessus de tous les autres, l'union avec Dieu même.

PREMIÈRE PARTIE DE LA SECONDE.

TRAITÉ DES PASSIONS.

Texte latin. | **M. Drioux** (vol. II, p. 605). | **M. Lachat** (vol. V, p. 50-54).

ARTICULUS VI.

Utrùm aliquid possit haberi odio in universali.

Ad sextum sic proceditur. Videtur quòd odium non possit esse alicujus in universali. Odium enim est passio appetitus sensitivi, qui movetur ex sensibili apprehensione. Sed sensus non potest apprehendere universale. Ergo odium non potest esse alicujus in universali.

2. Præterea, odium causatur ex aliquâ dissonantiâ quæ communitati repugnat. Sed communitas est de ratione universalis. Ergo odium non potest esse alicujus in universali.

3. Præterea, objectum odii est *malum*. Malum autem in rebus est, et non in mente, ut dicitur in VI Metaph. (text. 8). Cùm ergo universale sit solùm in mente, quæ abstrahit universale à particulari, videtur quòd odium non possit esse alicujus universalis.

Sed contra est, quòd Philosophus dicit in II, *Rhetor* (cap. 4), quòd «ira semper sit inter singularia, odium autem etiam ad genera : furem enim odit et calumniatorem unusquisque.»

(Conclusio. — Cùm ovis non modò nunc lupum, sed in genere lupum odio habeat, odium,

ARTICLE VI.

Peut-on haïr quelque chose en général?

1. Il semble qu'on ne puisse pas haïr quelque chose en général. Car la haine est une passion de l'appétit sensitif qui est mû par la perception d'un objet sensible. Or, les sens ne peuvent percevoir ce qui est général ou universel. Donc on ne peut haïr quelque chose en général.

2. La haine provient d'un défaut d'harmonie qui répugne au bien commun. Or, le bien commun rentre dans le général ou l'universel. Donc on ne peut haïr une chose en général.

3. L'objet de la haine est le mal. Or le mal existe dans les choses et non dans l'esprit, comme le dit Aristote (Met. lib. VI, text. 8). Donc puisque le général n'existe que dans l'esprit qui l'abstrait du particulier, il semble que la haine ne puisse pas avoir pour objet ce qui est universel.

Mais c'est le contraire. Aristote dit (Rhét. lib. II, cap. 4) que *la colère porte toujours sur des choses particulières, mais que la haine a pour objet ce qui est général. Car chacun hait le voleur et le calomniateur.*

Conclusion. — Puisque la brebis hait non-seulement tel ou tel loup, mais encore le loup en général,

ARTICLE VI.

Peut-on haïr les choses générales?

Il paroît qu'on ne peut haïr les choses générales. 1° La haine est une passion de l'appétit sensitif qui est mû par la perception des sens. Or les sens ne peuvent percevoir les choses générales. Donc on ne peut les haïr.

2° La haine est produite par la discovenance qui empêche les propriétés d'être communes. Or le général est essentiellement formé de propriétés communes. Donc la haine ne peut avoir pour objet les choses gnérales.

3° L'objet de la haine est le mal. Or le mal est dans les choses et non dans l'esprit, comme le dit le Philosophe. Mais le général, par contre, n'est que dans l'esprit, car l'esprit seul l'abstrait du particulier. Donc la haine ne peut atteindre les choses générales dans son animosité.

Mais le Philosophe dit, Rhetor., II, 4 : «La colère n'embrasse que les choses particulières, mais la haine embrasse en outre les choses générales, car tout le monde hait le voleur et le calomniateur. »

(Conclusion. — Puisque la brebis hait non-seulement tel et tel loup, mais encore la nature du

Texte latin.

non tantùm ad particulare, verùm etiam ad universale se extendere potest.)

Respondeo dicendum , quòd de universali dupliciter contingit loqui : uno modo secundùm quòd subest intentioni universalitatis ; alio autem modo dicitur de natura, cui talis intentio attribuitur ; alia enim est consideratio hominis universalis, et alia hominis in eo quòd est homo. Si igitur universale accipiatur primo modo, sic nulla potentia sensitivæ partis (neque apprehensiva, neque appetitiva) ferri potest in universale, quia universale fit per abstractionem à materia individuali, in qua radicatur omnis virtus sensitiva. Potest tamen aliqua potentia sensitiva, et apprehensiva et appetitiva ferri, in aliquid universaliter : sicut dicimus quòd objectum visus est color secundùm genus, non quia visus cognoscit colorem universalem, sed quia quòd color sit cognoscibilis à visu, non convenit colori in quantum est hic color, sed in quantum est color simpliciter. Sic ergo odium etiam sensitivæ partis potest respicere aliquid ut universale ; quia ex natura communi aliquid adversatur animali, et non solùm ex eo quòd est particularis, sicut lupus ovi ; unde ovis odit lupum generaliter. Sed ira semper causatur ex aliquo particulari, quia ex aliquo actu lædentis, actus autem particularium sunt. Et propter hoc Philosophus dicit (lib. II Rhetor., cap. 4) : « Ira semper est ad aliquid particulare, odium verò potest esse ad aliquid in genere. » Sed odium secundùm quòd est in parte intellectiva, cùm consequatur apprehensionem universalem intellectûs, potest utroque modo esse respectu universalis.

M. Drioux (vol. II, p. 606).

la haine peut s'étendre non-seulement au particulier mais encore au général ou à l'universel.

Il faut répondre qu'on peut considérer l'universel de deux manières : 1° purement et simplement ; 2° selon la nature de la chose à laquelle il se rapporte. Par la première de ces considérations, on regarde l'homme en général ; par la seconde, on regarde ce qu'il est en lui-même. Si on prend l'universel dans le premier sens, il n'y a pas de puissance dans la partie sensitive qui puisse se rapporter à lui. La puissance cognitive ne s'y rapporte pas plus que la puissance appétitive. Car l'universel s'abstrait de la matière individuelle qui est la source et la racine de toutes les facultés sensitives. Cependant une puissance sensitive, soit la puissance cognitive, soit la puissance appétitive, peut se porter en général vers un objet. Ainsi nous disons que l'objet de la vue est la couleur en général, non que la vue perçoive la couleur en général, mais parce que la propriété qu'a la couleur d'être perçue par la vue ne convient pas seulement à telle couleur en particulier, mais à toute autre couleur absolument parlant. La haine qui réside dans la partie sensitive peut donc se rapporter à un objet en général, parce que l'animal peut trouver dans une nature en général quelque chose qui lui est contraire, et ne pas seulement détester tel ou tel individu en particulier. Ainsi la brebis hait non-seulement tel ou tel loup, mais encore le loup en général. La colère est toujours l'effet d'un objet particulier, parce qu'elle ne provient que de l'acte d'une chose qui nous blesse. Or, les actes se rapportent aux choses particulières, et c'est ce qui fait dire à Aristote que la colère se rapporte toujours à quelque chose de particulier, tandis que la haine peut avoir pour objet quelque chose de général.

[M. Lachat (vol. V, p. 50-51).

loup, la haine peut avoir pour objet et les choses particulières et les choses générales.)

Le général peut être envisagé sous deux points de vue : dans l'esprit et dans les choses, comme idée pure et comme nature existante, comme être de raison et comme être réel ; car autre chose est de considérer l'essence générale de l'homme abstractivement, autre chose de la considérer dans son sujet individuel. Or, quand on prend le général de la première manière, comme idée simple, comme notion pure, aucune puissance de la partie sensitive, pas plus la perception que l'appétit, ne peut le saisir ; car il exclut la matière individuelle, qui est le fondement et la racine de toute vertu siégeant dans les organes. Mais quand on envisage le général sous le second rapport, comme être réel, comme nature existante, les puissances sensitives, aussi bien in perception que l'appétit, peuvent le saisir : ainsi nous disons, d'une manière absolue, que la couleur est l'objet de la vue ; non que la vue connoisse l'idée générale de la couleur, mais parce qu'elle voit tout ce qui est couleur, et non pas seulement telle ou telle couleur. En conséquence la haine, même celle qui siège dans la partie sensitive, peut avoir pour objet une propriété peut répugner à l'animal, quand elle réside dans une nature commune comme lorsqu'elle se trouve dans un être individuel : ainsi l'instinct qui appartient à la race du loup révolte la brebis, et voilà pourquoi la brebis hait le loup en général. La colère, au contraire, ne se rapporte qu'aux choses particulières ; car cette émotion violente est produite par un acte qui blesse, et l'acte n'appartient qu'à l'individu. Voilà pourquoi le Philosophe dit, Rhetor., II, 4 : « La colère n'embrasse que les choses particulières, mais la haine

Texte latin. | **M. Drioux** (vol. II, p. 606-607). | **M. Lachat** (vol. V, p. 52, 53-54).

Ad primum ergo dicendum, quòd sensus non apprehendit universale, prout est universale; apprehendit tamen aliquid cui per abstractionem accidit universalitas.

Ad secundum dicendum, quòd id quod commune est omnibus, non potest esse ratio odii; sed nihil prohibet aliquid esse commune multis, quod tamen dissonat ab aliis, et sic est eis odiosum.

Ad tertium dicendum, quòd illa objectio procedit de universali, secundùm quòd substat intentioni universalitatis; sic enim non cadit sub apprehensione vel appetitu sensitivo.

QUÆSTIO XXX.

DE CONCUPISCENTIA, IN QUATUOR ARTICULOS DIVISA.

Deinde considerandum est de concupiscentia. Et circa hoc quæruntur quatuor: 1° Utrùm concupiscentia sit in appetitu sensitivo tantùm. 2° Utrùm concupiscentia sit passio specialis. 3° Utrùm sint aliquæ concupiscentiæ naturales, et aliquæ non naturales. 4° Utrùm concupiscentia sit infinita.

Quant à la haine qui réside dans la partie intelligentielle, comme elle suit la perception générale de l'intellect, elle peut de ces deux manières se rapporter à l'universel.

Il faut répondre au *premier* argument, que les sens ne perçoivent pas l'universel selon ce qu'il est en lui-même, mais ils perçoivent certaines choses auxquelles par abstraction on ajoute accidentellement une idée de généralité.

Il faut répondre au *second*, que ce qui est commun à tous les êtres ne peut pas donner lieu à la haine, mais rien n'empêche que ce qui est commun à un très-grand nombre d'êtres soit néanmoins contraire à d'autres et leur soit nécessairement odieux.

Il faut répondre au *troisième*, que cette objection repose sur l'universel, selon qu'il est considéré abstractivement, et à ce titre il ne tombe ni sous la connaissance, ni sous l'appétit de la puissance sensitive.

QUESTION XXX.

DE LA CONCUPISCENCE.

Après avoir parlé de l'amour et de la haine, nous avons à nous occuper maintenant de la concupiscence. — A cet égard il y a quatre questions à faire : 1° La concupiscence n'est-elle que dans l'appétit sensitif? — 2° La concupiscence est-elle une passion spéciale? — 3° Y a-t-il des concupiscences qui sont naturelles et d'autres qui ne le sont pas? — 4° La concupiscence est-elle infinie?

---

embrasse en outre les choses générales. » Enfin la haine qui a son siège dans la partie intellective atteint le général quel qu'il soit, celui qui forme une idée pure aussi bien que celui qui constitue une nature existante. Il est facile d'en découvrir la raison : c'est que la haine intellectuelle suit la perception de l'esprit qui saisit toutes les entités générales.

Je réponds aux arguments : 1° Les sens ne perçoivent pas le général comme tel, dans sa notion pure ; mais ils perçoivent les choses d'où l'esprit abstrait le général.

2° Les choses communes à toutes, ne sont jamais ni la cause ni l'objet de la haine ; mais une chose, commune à plusieurs, quelquefois ne convient pas à d'autres, et dès lors elle peut provoquer leur ressentiment.

3° Il s'agit, dans l'objection, du général qui forme une idée pure et simple. Or cette sorte de général ne tombe ni sous la perception, ni partant sous l'appétit de la partie sensitive.

QUESTION XXX.

DE LA CONCUPISCENCE.

Après l'amour et la haine, vient la concupiscence. On demande quatre choses sur cette passion : 1° La concupiscence est-elle seulement l'appétit sensitif? 2° Est-elle une passion spéciale de la puissance concupiscible? 3° Y a-t-il des concupiscences naturelles et des concupiscences non naturelles? 4° La concupiscence est-elle infinie?

| |

ARTICULUS I.

Utrùm concupiscentia sit tantùm in appetitu sensitivo.

Ad primum sic proceditur. Videtur quòd concupiscentia non solùm sit in appetitu sensitivo. Est enim quædam concupiscentia sapientiæ, ut dicitur Sap., VI : « Concupiscentia sapientiæ deducit ad regnum perpetuum. » Sed appetitus sensitivus non potest ferri ad sapientiam. Ergo concupiscentia non est in solo appetitu sensitivo.

2. Præterea, desiderium mandatorum Dei non est in appetitu sensitivo; imò Apostolus dicit, Rom., VII : «Non habitat in me, hoc est in carne mea, bonum. » Sed desiderium mandatorum Dei sub concupiscentia cadit, secundùm illud Psalm. CXVIII : « Concupivit anima mea desiderare justificationes tuas.» Ergo concupiscentia non est solùm in appetitu sitivo.

3. Præterea, cuilibet potentiæ est concupiscibile proprium bonum. Ergo concupiscentia est in qualibet potentia animæ, et non solùm in appetitu sensitivo.

Sed contra est, quod Damascenus dicit (lib. II Fid. orthod., cap. 12), quod «irrationale obediens et persuasibile rationi dividitur in concupiscentiam et iram : hæc autem est irrationalis animæ pars passiva et appetitiva » Ergo concupiscentia est in appetitu sensitivo.

ARTICLE I.

La concupiscence n'est-elle que dans l'appétit sensitif ?

I. Il semble que la concupiscence n'existe pas seulement dans l'appétit sensitif. Car il y a une concupiscence de la sagesse, comme il est écrit (Sap. VI, 21): *La concupiscence de la sagesse mène au royaume éternel.* Or, l'appétit sensitif ne peut se porter vers la sagesse. Donc la concupiscence n'existe que dans l'appétit sensitif.

2. Le désir d'observer les commandements de Dieu n'existe pas dans l'appétit sensitif. Car l'Apôtre dit (Rom. VII, 18) : *Le bien ne se trouve pas en moi, c'est-à-dire dans ma chair.* Or, le désir d'observer les commandements de Dieu tombe sous la concupiscence, puisqu'il est écrit (Ps. CXVIII, 20) : *Mon âme dans l'ardeur de sa concupiscence a désiré votre loi qui est pleine de justice.* Donc la concupiscence n'existe pas que dans l'appétit sensitif.

3. Chaque puissance désire le bien qui lui est propre. Donc la concupiscence existe dans toutes les puissances de l'âme et ne se trouve pas que dans l'appétit sensitif.

Mais c'est le *contraire.* Saint Jean Damascène dit (De fid. orth. lib. II, cap. 12) qu'on distingue dans la partie déraisonnable qui obéit à la raison et qui est soumise la concupiscence et la colère. Or, cette partie de l'âme est passive et appétitive. Donc la concupiscence a son siége dans l'appétit sensitif.

ARTICLE I.

La concupiscence est-elle seulement dans l'appétit sensitif ?

Il paroît que la concupiscence n'est pas seulement dans l'appétit sensitif. 1° Il est une certaine concupiscence de la sagesse, conformément à cette parole, Sap., VI, 21 : La concupiscence de la sagesse conduit au royaume éternel.» Or l'appétit sensitif ne peut se porter vers la sagesse. Donc la concupiscence n'est pas seulement dans l'appétit sensitif.

2° Le désir des commandements de Dieu n'est pas dans l'appétit sensitif; car l'Apôtre dit, Rom., IV, 18 : « Le bien n'habite pas en moi, c'est-à-dire dans ma chair. » Le désir des commandements de Dieu rentre dans la concupiscence, attendu qu'il est écrit, Ps., CXIX, 20 : «Mon ame a désiré dans sa concupiscence (concupivit) vos ordonnances qui sont pleines de justice.» Donc la concupiscence ne réside pas seulement dans l'appétit sensitif.

3° Toutes les puissances de l'ame recherchent, par la concupiscence, le bien qui leur est propre. Donc la concupiscence est dans toutes les puissances de l'ame, et non pas seulement dans l'appétit sensitif.

Mais saint Jean Damascène dit, De fide orth., II, 12 : « Le principe qui est en nous privé d'intelligence et soumis à la raison, c'est-à-dire cette partie de l'ame qui est purement passive et renferme l'appétit, donne, dans sa division, la concupiscence et la colère. » Donc la concupiscence est uniquement dans l'appétit sensitif.

(Conclusio. — Concupiscentia, cùm sit secundùm sensum delectabilis appetitus, in vi concupiscibili sensitivi appetitûs, propriè est.)

Conclusion. — La concupiscence étant le désir de ce qui délecte les sens, elle réside à proprement parler dans la faculté concupiscible de l'appétit sensitif.

Conclusion. — Puisque la concupiscence est le désir du délectable sensible, elle est proprement dans la faculté concupiscible de l'appétit sensitif.

Respondeo dicendum, quòd sicut Philosophus dicit in I Rhetor. (cap. 11), « concupiscentia est appetitus delectabilis. » Est autem duplex delectatio, ut infrà dicetur (qu. 31). Una, quæ est in bono intelligibili, quod est bonum rationis; alia, quæ est in bono secundùm sensum. Prima quidem delectatio videtur esse animæ tantùm; secunda autem est animæ et corporis, quia sensus est virtus in organo corporeo; unde et bonum secundùm sensum est bonum totius conjuncti. Talis autem delectationis appetitus videtur esse concupiscentia, quæ simul pertinet et ad animam et ad corpus, ut ipsum nomen concupiscentiæ sonat. Unde concupiscentia, propriè loquendo, est in appetitu sensitivo et in vi concupiscibili quæ ab ea denominatur.

Il faut répondre que, comme le dit Aristote (Rhet. lib. I, cap. 11), la concupiscence est l'appétit ou le désir de ce qui délecte. Or, il y a deux sortes de délectation, comme nous le verrons plus loin (quest. XXXI, art. 3 et 4) : l'une qui consiste dans le bien intellectuel qui est le bien de la raison, et l'autre dans le bien qui flatte les sens. La première de ces délectations semble appartenir à l'âme exclusivement. La seconde appartient à l'âme et au corps, parce que les sens sont une puissance qui existe dans un organe corporel. Ainsi ce qui est bon par rapport aux sens est bon pour l'être entier qui en est composé. Or, la concupiscence paraît être le désir de cette dernière délectation, parce que comme son nom l'indique (concupiscere), elle appartient tout à la fois au corps et à l'âme. Par conséquent la concupiscence, à proprement parler, existe dans l'appétit sensitif et dans la puissance concupiscible qui tire d'elle son nom.

« La concupiscence est l'appétit du bien délectable, » dit le Philosophe. Or il y a deux sortes de délectation, comme nous le verrons plus tard: l'une se rapporte au bien intelligible, objet de la raison; l'autre se rapporte au bien sensible. La première de ces délectations est goûtée par l'âme seulement; la seconde est éprouvée par l'âme et par le corps tout à la fois, car le sens est une vertu siégeant dans un organe, d'où l'on peut voir en passant que le bien sensible est le bien d'un tout formé de deux parties. Eh bien, l'appétit de la dernière délectation, c'est la concupiscence qui appartient à l'âme et tout ensemble au corps, ainsi que l'indique son nom même. Parler donc proprement, la concupiscence est dans l'appétit sensitif et dans la puissance concupiscible qui lui donne sa dénomination.

PREMIÈRE PARTIE DE LA SECONDE.

TRAITÉ DES ACTES HUMAINS.

ARTICULUS II.

ARTICLE II.

ARTICLE II.

Utrùm ratio possit superari à passione contra suam scientiam.

La passion peut-elle vaincre la raison et la faire agir contrairement à la science?

La raison peut-elle être entraînée par la passion contre sa propre science?

Ad secundum sic proceditur. Videtur quòd alio non possit superari à passione contra...

Il semble que la raison ne puisse pas être vaincue par la passion contrairement à la science. Car le...

Il paraît que la raison ne peut être entraînée par la passion contre sa propre science. 1° Le plus fort...

suam scientiam. Fortius enim non vincitur à debiliori. Sed scientia propter suam certitudinem est fortissimum eorum quæ in nobis sunt. Ergo non potest superari à passione, quæ est « mobilis et citò transiens. »

2. Præterea, « voluntas non est nisi boni, vel apparentis boni. » Sed cùm passio trahit voluntatem in id quod est verè bonum, non inclinat rationem contra scientiam; cùm autem trahit eam in id quod est apparens bonum et non existens, trahit eam in id quod rationi videtur, hoc autem est in scientia rationis quod ei videtur. Ergo passio nunquam inclinat rationem contra suam scientiam.

3. Si dicatur quòd trahit rationem scientem aliquid in universali, ut contrarium judicet in particulari, contra : universalis et particularis propositio, si opponantur, opponuntur secundùm contradictionem, sicut *omnis homo* et *non omnis homo*. Sed duæ opiniones quæ sunt contradictoriæ, sunt contrariæ, ut dicitur in II. *Perih.* Si igitur aliquis sciens aliquid in universali, judicaret oppositum in singulari, sequeretur quòd haberet simul contrarias opiniones; quod est impossibile.

4. Præterea, quicumque scit universale, scit etiam particulare, quòd novit sub universali contineri : sicut qui scit omnem mulam esse sterilem, scit hoc animal esse sterile, dummodo

plus fort n'est pas vaincu par le plus faible. Or, la science, à cause de sa certitude, est ce qu'il y a de plus fort en nous. Donc elle ne peut pas être vaincue par la passion qui est débile et passagère.

2. La volonté ne se rapporte qu'au bien réel ou apparent. Or, quand la passion entraîne la volonté vers ce qui est véritablement bon, elle ne donne pas à la raison une inclination contraire à sa science, et quand elle l'entraîne vers une chose qui lui paraît bonne et qui n'est pas telle, elle l'entraîne encore vers ce qui est bon aux yeux de la raison, et par conséquent aux yeux de la science qui est la lumière de la raison, donc la passion n'imprime jamais à la raison une inclination contraire à la science.

3. Si l'on répond que la passion entraîne la raison qui sait une chose en général, à juger le contraire en particulier, on peut ainsi insister. Quand une proposition universelle est opposée à une proposition particulière, elles sont contradictoires : comme *tout homme* et *non tout homme*. Or, deux opinions qui sont contradictoires sont contraires, comme on le voit (*Perih.*, lib. II, cap. ult.). Par conséquent, si un individu sachant une chose en général jugeait d'une manière opposée en particulier, il s'ensuivrait qu'il aurait des opinions simultanément contraires : ce qui est impossible.

4. Quiconque sait l'universel, sait aussi le particulier qu'il connaît contenu sous l'universel; comme celui qui sait qu'une mule est stérile sait aussi que tel animal est stérile, du moment où il connaît que

n'est point entraîné par le plus faible. Or la science, renfermant la certitude, est la plus forte des choses qui sont dans l'homme. Donc la science ne peut être entraînée par la passion, qui est « mobile et passagère, » dit le Philosophe.

2° « La volonté a pour objet le bien réel et le bien apparent. » Or, quand la passion entraîne la volonté vers le bien réel, elle ne l'incline pas contre sa science; quand elle l'entraîne vers le bien seulement apparent, elle la porte à ce qui lui paraît, c'est-à-dire à ce qui forme sa science. Donc la passion n'entraîne jamais la raison contre sa science.

3° Si l'on disoit que la passion peut faire juger une chose comme acte, en particulier, d'une manière contraire à la connoissance qu'on en a comme principe, en général, nous insisterions ainsi : quand la proposition universelle et la proposition particulière sont opposées l'une à l'autre, comme « tout homme » et « pas tout homme, » elles impliquent contradiction. Or les propositions qui impliquent contradiction sont contraires, comme le remarque le Philosophe. Si donc on jugeoit une chose en particulier d'une manière contraire à la connoissance qu'on en a en général, on auroit en même temps et sur la même chose deux opinions contraires : ce qui est impossible.

4° Qui connoît la chose générale, connoît aussi la chose particulière qu'il y voit renfermée : ainsi qui sait que la mule est stérile sait aussi qu'un animal ne peut se reproduire, sitôt qu'il a remarqué que

Texte latin.   **M. Drioux** (vol. III, p. 284).   **M. Lachat** (vol. VI, p. 60-51).

ipsum sciat esse mulam, ut patet per id quod dicitur in I. *Posterior.* Sed ille qui scit aliquid in universali, putà nullam fornicationem esse faciendam, scit hoc particulare sub universali contineri, putà hunc actum esse fornicarium. Ergo videtur quòd etiam in particulari sciat.

5. Præterea, « ea quæ sunt in voce, sunt signa intellectûs animæ, secundùm Philosophum. Sed homo in passione existens frequenter confitetur id quod eligit esse malum, etiam in particulari. Ergo etiam in particulari habet scientiam ; sic igitur videtur quòd passiones non possunt trahere rationem contra scientiam universalem, quia non potest esse quòd habeat scientiam universalem, et æstimet oppositum in particulari.

Sed contra est, quod dicit Apostolus, *Rom.*, VII : « Video aliam legem in membris meis repugnantem legi mentis meæ, et captivantem me in lege peccati. » Lex autem quæ est in membris, est concupiscentia de quà suprà locutus fuerat. Cùm igitur concupiscentia sit passio quædam, videtur quòd passio trahat rationem etiam contra hoc quod scit.

CONCLUSIO. — Possunt sæpenumero passiones appetitûs sensitivi rationem et ejus universalem scientiam impedire, vel per modum distractionis, vel ad contrarium impellendo, vel aliquam corporalem transmutationem causando, ex quà vel totaliter impediatur, vel ex parte saltem ligetur rationis usus.

---

c'est une mule, comme on le voit par ce que dit Aristote (*Post.* lib. I, text.). Or, celui qui sait une chose en général, par exemple, qu'aucune fornication n'est permise, sait cette proposition particulière contenue sous la proposition générale, c'est qu'on ne doit pas faire tel ou tel acte de fornication. Il semble donc qu'il sache cela aussi en particulier.

5. Les éléments de la parole sont les signes de la pensée de l'âme, d'après Aristote (*Periher.* lib. I, in princ.). Or, l'homme qui est sous l'impression de la passion avoue souvent que ce qu'il choisit est mal, même en particulier. Il a donc la science en particulier, et par conséquent il semble que les passions ne puissent pas entraîner la raison contrairement à la science universelle, parce qu'il ne peut pas se faire qu'on ait la science universelle et qu'on juge contrairement en particulier.

Mais c'est le *contraire*. L'Apôtre dit (*Rom.* VII, 23) : *Je vois une autre loi dans mes membres qui combat la loi de mon esprit et qui me tient captif sous la loi du péché.* Or, la loi qui réside dans les membres est la concupiscence dont il avait parlé plus haut. Et comme la concupiscence est une passion, il semble que la passion entraîne la raison contrairement à sa science.

CONCLUSION. — Souvent les passions de l'appétit sensitif peuvent entraver la raison et sa science universelle, soit par manière de distraction, soit en la poussant dans un sens contraire, soit en produisant quelques modifications corporelles qui empêchent complétement ou au moins en partie l'usage de la raison.

---

c'est une mule. Or qui connoît, par exemple, le principe général qu'il faut fuir l'impureté, sait aussi que l'acte impur est renfermé dans ce principe et qu'il en subit la conséquence. Donc il sait en particulier que tel et tel acte impur doit être évité.

5° « Les choses qui sont dans la voix, dit le Philosophe, révèlent les choses qui sont dans l'esprit. » Or l'homme sous le joug de la passion reconnoît souvent, même en particulier, qu'il choisit le mal. Donc il a la science dans les choses particulières ; donc les passions ne peuvent entraîner la raison contre ses connoissances universelles, parce qu'elle ne peut la faire juger en particulier autrement qu'elle ne juge en général. »

Mais saint Paul dit, *Rom.*, VII, 23 : « Je vois dans mes membres une autre loi qui combat la loi de mon esprit, et me captive sous la loi du péché. » Or la loi que l'Apôtre voit dans ses membres, c'est la concupiscence, dont il parle précédemment. Puis donc que la concupiscence est une passion, il suit que la passion entraîne la raison contre ce qu'elle sait.

(CONCLUSION. — Les passions de l'appétit sensitif peuvent faire juger la raison dans les choses particulières contre sa science universelle : elle le peut, soit par distraction, soit en éloignant ses regards des principes généraux ; soit par la contrariété, en la poussant à des choses opposées ; soit enfin par la commotion corporelle, qui paralyse ou gêne les facultés intellectuelles.)

Texte latin.

Respondeo dicendum, quòd opinio Socratis fuit, ut Philosophus dicit in VII, *Ethic.*, quòd scientia nunquam posset superari à passione; unde ponebat omnes virtutes esse scientias, et omnia peccata esse ignorantias. In quo quidem aliqualiter rectè sapiebat; quia cùm voluntas sit *boni vel apparentis boni*, nunquam voluntas in malum movetur, nisi id quod non est bonum aliqualiter rationi bonum appareat; et propter hoc voluntas nunquam in malum tenderet, nisi cum aliqua ignorantia vel errore rationis; unde dicitur *Proverb.*, XIV : « Errant qui operantur malum. » Sed quia experimento patet quòd multi agunt contra ea quorum scientiam habent, et hoc etiam authoritate divinâ confirmatur secundùm illud *Luc.*, XII : « Servus qui cognovit voluntatem domini sui, et non fecit, plagis vapulabit multis; » et *Jacob.*, IV, dicitur : Scienti bonum facere, et non facienti, peccatum est illi; » non simpliciter verum dixit, sed oportet distinguere, ut Philosophus tradit in VII. *Ethic.*

Cùm enim ad rectè agendum homo dirigatur duplici scientiâ, scilicet universali et particulari, utriusque defectus sufficit ad hoc quòd impediatur rectitudo voluntatis et operis, ut suprà dictum est (qu. 76, art. 1). Contingit ergo quòd aliquis habeat scientiam in universali, putà « nullam fornicationem esse faciendam, » sed tamen non cognoscat in particulari hunc actum qui est fornicatio, non esse faciendum; et hoc sufficit ad hoc quòd voluntas non sequatur universalem scientiam rationis. Et iterum considerandum est quòd nihil prohibet aliquid scire in habitu, quod tamen actu non consideratur; potest igitur contingere

M. Drioux (vol. III, p. 28 ?).

Il faut répondre que Socrate pensait, comme le dit Aristote (*Eth.* lib. VII, cap. 11), que la science ne pouvait être vaincue par la passion. Aussi il supposait que toutes les vertus étaient des sciences et tous les péchés des ignorances. Il était dans le vrai sous un rapport; car la volonté ayant pour objet le bien réel ou apparent, ne se porte jamais au mal, à moins que ce qui n'est pas bien n'apparaisse sous un autre aspect à la raison. C'est pourquoi la volonté ne tendrait jamais au mal, s'il n'y avait quelque ignorance ou quelque erreur de la part de la raison. D'où il est écrit (*Prov.* XIV, 21) : *Ceux qui font le mal se trompent.* Mais comme il est prouvé par l'expérience qu'un grand nombre agissent contrairement à leur science et que l'Écriture sainte le dit elle-même (Luc, XII, 47) : *Le serviteur qui connaît la volonté de son maître et qui ne l'exécute pas, sera fouetté de plusieurs coups*; et ailleurs (*Jac.* IV, 17) : *Celui qui sait faire le bien et qui ne le fait pas, pèche*; Socrate n'a pas eu absolument raison. Il faut donc distinguer, comme le fait Aristote (*Eth.* lib. VII, cap. 3). Car dans sa conduite l'homme étant dirigé par une double science, la science universelle et la science particulière, le défaut de l'une et de l'autre suffit pour empêcher la droiture de la volonté et de l'action, comme nous l'avons dit (quest. LXXVI, art. 1). On peut donc avoir la science universelle, savoir par exemple qu'on ne doit faire aucune fornication, mais néanmoins ignorer en particulier qu'on ne doit pas faire tel acte qui est une faute de ce genre. C'en est assez pour que la volonté ne suive pas la science universelle de la raison. Il faut aussi considérer que rien n'empêche qu'on ait la science habituelle d'une chose, à laquelle on ne fait pas actuellement attention. Il peut donc se faire qu'on ait une science

M. Lachat. (vol. VI, p. 60-64).

Socrate pensait, comme le rapporte le Philosophe, que la science ne peut être subjuguée par la passion; d'où il concluait que toutes les vertus sont des connaissances, et tous les péchés des erreurs. Cette opinion renferme quelque chose de vrai. Puisque la volonté a pour objet le bien réel ou le bien apparent, quand elle se porte au mal, c'est que la raison le voit sous les apparences du bien; en sorte qu'elle ne s'égarerait jamais dans sa voie, sans l'ignorance ou les erreurs de la raison; aussi le Sage dit-il, *Prov.*, XIV, 22 : « Ceux qui font le mal se trompent. » Mais l'expérience nous apprend que l'homme agit souvent contre ses connaissances; souvent l'Écriture sainte nous le montre en contradiction formelle avec son propre jugement, comme lorsqu'elle dit, *Luc*, XII, 47 : « Le serviteur qui connaît la volonté de son maître... et ne la fait pas, sera frappé de plusieurs coups; et encore, *Jac.*, IV, 17 : « Qui sait faire le bien et ne le fait pas, celui-là pèche. » L'opinion de Socrate n'est donc pas vraie sous tous les rapports; nous ne pouvons l'admettre sans distinction, comme le remarque le Philosophe.

Puisque l'homme est dirigé dans le bien par deux sortes de sciences, par la science universelle et par la science particulière, le défaut de l'un ou de l'autre suffit, comme nous l'avons vu, pour égarer la volonté dans sa direction, pour fausser la droiture des œuvres. Eh bien, l'homme peut avoir la science universelle, il peut connaître les principes généraux, il peut savoir, par exemple, qu'il faut fuir l'impureté, sans qu'il sache pour autant que tel et tel acte impur doit être évité dans tel et tel cas particulier; et n'en voilà-t-il pas plus qu'il n'en faut pour l'égarer loin de la science universelle de la raison? Il arrive aussi qu'il ne considère pas actuellement ce qu'il sait habituellement : il peut donc fermer les

Texte latin.

quòd aliquis etiam rectam scientiam habeat in singulari, et non solùm in universali, sed tamen actu non considerat: et tunc non videtur difficile quòd præter id quod actu non considerat homo agat. Quòd autem homo non consideret in particulari id quod habitualiter scit, quandoque quidem contingit ex solo defectu intentionis, putà cùm homo sciens geometriam, non intendit ad considerandum geometriæ conclusiones, quas statim in promptu habet considerare; quandoque autem homo non considerat id quod habet in habitu propter aliquod impedimentum superveniens, putà propter aliquam occupationem exteriorem vel propter aliquam infirmitatem corporalem. Et hoc modo ille qui est in passione constitutus, non considerat in particulari id quod scit in universali, in quantum passio impedit talem considerationem; impedit autem tripliciter. Primò quidem per quamdam distractionem; sicut suprà expositum est (art. 1). Secundò per contrarietatem, quia plerumque passio inclinat ad contrarium hujus quod scientia universalis habet. Tertiò, per quamdam immutationem corporalem, ex qua ratio quodammodo ligatur, ne liberè in actum exeat; sicut etiam somnus vel ebrietas, quàdam corporali transmutatione factà, ligat usum rationis. Et quòd hoc contingat in passionibus patet ex hoc quòd aliquando cùm passiones multum intenduntur, homo amittit totaliter usum rationis; multi enim propter abundantiam amoris et iræ sunt in insaniam conversi. Et per hunc modum passio trahit rationem ad judicandum in particulari contra scientiam quam habet in universali.

M. Drioux (vol. II, p. 234, 235).

droite non-seulement en général, mais encore en particulier, mais que néanmoins on ne la considère pas en acte. Alors il ne paraît pas difficile que l'homme agisse contrairement à ce qu'il n'observe pas actuellement. Or, que l'homme ne considère pas en particulier une chose dont il a la science habituelle, ceci provient quelquefois uniquement de son défaut d'intention. Ainsi, celui qui sait la géométrie ne s'arrête pas à considérer les conclusions de cette science qu'il lui serait facile de saisir immédiatement. D'autres fois l'homme ne considère pas ce qu'il a en lui habituellement par suite d'un obstacle qui survient, par exemple, à cause d'une occupation extérieure ou d'une infirmité corporelle. C'est ainsi que celui qui est subjugué par une passion ne considère pas en particulier ce qu'il sait en général, parce que sa passion l'en empêche. Or, elle l'en empêche de trois manières: 1° par l'effet de la distraction, comme nous l'avons vu (art. préc.); 2° par la contrariété, parce que le plus souvent la passion incline à une chose contraire à ce que propose la science universelle; 3° par suite d'une modification corporelle qui enchaîne la raison et lui retire jusqu'à un certain point sa liberté d'action, comme le sommeil ou l'ivresse. Ce qui prouve évidemment qu'il en est ainsi, c'est que quand les passions sont très-intenses il arrive que l'homme perd quelquefois totalement l'usage de la raison. Car il y en a beaucoup qui deviennent fous par excès de colère ou d'amour. De cette manière la passion porte la raison à juger en particulier contrairement à la science qu'elle a en général.

M. Lachat (vol. VI, p. 60-61).

yeux non-seulement sur ses connoissances générales, mais encore sur ses connoissances particulières : qui donc s'étonnera de le voir agir contre des principes ou contre des conclusions qu'il perd de vue? Et que de choses peuvent ainsi dérober à l'homme ses propres connoissances? C'est, quelquefois le défaut d'attention qui le prive de leurs lumières, comme lorsque le géomètre ne considère pas les théorèmes qu'il trouveroit présents dans son esprit; c'est d'autres fois un obstacle extérieur qui vient s'opposer à la réflexion, comme les préoccupations vives ou les maladies corporelles. La passion peut de même ravir à l'homme dans les cas particuliers, la vue des principes généraux, et cela par trois causes. D'abord par une sorte de soustraction, comme nous l'avons vu dans le premier article. Ensuite par contrariété : car la passion porte le plus souvent à des choses qui sont contraires aux principes généraux. Enfin par les modifications corporelles, qui ravissent souvent à la raison le libre exercice de ses facultés, comme on le voit dans le sommeil et dans l'ivresse. Que les passions puissent produire ce funeste effet, rien de plus certain; quand elles parviennent à leur paroxisme, elles enchaînent entièrement l'intelligence; et le désespoir de l'amour, comme aussi la fureur de la colère, produit quelquefois la folie. Voilà comment les passions entraînent la raison : elles lui font porter, dans les cas particuliers, des jugements contraires à ses connoissances générales.

Ad primum ergo dicendum, quòd scientia universalis quæ est certissima, non habet principalitatem in operatione, sed magis scientia particularis, eò quòd « operationes sunt circa singularia. » Unde non est mirum si in operabilibus passio agit contra scientiam universalem absente consideratione in particulari.

Ad secundum dicendum, quòd hoc ipsum quòd rationi videatur in particulari aliquid bonum, quòd est non bonum, contigit ex aliqua passione ; et tamen hoc particulare judicium est contra universalem scientiam rationis.

Ad tertium dicendum, quòd non posset contingere quòd aliquis haberet simul in actu scientiam aut opinionem veram de universali affirmativo, et opinionem falsam de particulari negativo, aut e converso : sed bene potest contingere quòd aliquis habeat veram scientiam habitualiter de universali affirmativo, et falsam opinionem in actu de particulari negativo ; actus enim directè non contrariatur habitui, sed actui.

Ad quartum dicendum, quòd ille qui habet scientiam in universali, propter passionem impeditur ne possit sub illa universali sumere et ad conclusionem pervenire ; sed assumit sub alia universali quam suggerit inclinatio passionis, et sub ea concludit. Unde Philosophus dicit in VII. Ethic., quòd syllogismus incontinentis habet quatuor propositiones, duas particulares et duas universales. Quarum una est

Il faut répondre au *premier* argument, que la science universelle qui est la plus certaine ne tient pas en pratique le premier rang, mais c'est plutôt la science particulière, parce que les actions ont pour objet les individus. Il n'est donc pas étonnant qu'en pratique la passion agisse contrairement à la science universelle, du moment où il n'y a pas de considération particulière qui lutte contre elle.

Il faut répondre au *second*, que c'est la passion qui fait qu'une chose qui n'est pas bonne paraît cependant telle en particulier à la raison. Ce jugement particulier est cependant contraire à la science universelle de la raison.

Il faut répondre au *troisième*, qu'il ne pourrait pas se faire qu'un individu eût simultanément en acte, une science ou une opinion vraie sur une proposition universelle affirmative, et une opinion fausse sur une particulière négative, ou réciproquement ; mais il peut bien arriver qu'on ait habituellement une science vraie sur une affirmative universelle et une opinion fausse en acte sur une particulière négative. Car l'acte n'est pas directement contraire à l'habitude, mais à l'acte.

Il faut répondre au *quatrième*, que celui qui a la science d'une proposition universelle est empêché par la passion de se placer sous cette proposition universelle et d'en tirer une conclusion ; mais il se place sous une autre proposition universelle que la passion lui suggère et c'est de celle-là qu'il conclut. C'est ce qui a fait dire à Aristote (*Eth.* lib. VII, cap.§ 3) que le syllogisme de l'incontinent a quatre propositions, deux particulières et deux universelles ;

Je réponds aux arguments : 1° La science universelle qui est de toutes les sciences la plus certaine, n'exerce pas sa principauté sur les opérations ; c'est la science particulière qui règne dans ce domaine, parce que les opérations concernent les choses particulières. Est-il donc étonnant que la passion prévale dans les actes contre la science universelle, puisque la science universelle ne dispute pas l'empire à la passion sur ce terrain ?

2° Quand la raison voit sous les apparences du bien ce qui n'est pas bien, c'est l'effet de la passion ; mais cela n'empêche pas que ce jugement particulier ne soit contraire à la science universelle de la raison.

3° On ne peut avoir actuellement, dans les deux cas, la connaissance vraie de l'affirmative universelle et l'opinion fausse de la négative particulière, ni réciproquement : mais on peut avoir habituellement la connaissance vraie de l'affirmative universelle, puis actuellement l'opinion fausse de la négative particulière ; car l'acte est directement contraire à l'acte et non pas à l'habitude.

4° Quand il est dominé par la passion, l'homme ne s'attache pas à la notion générale qu'il possède pour la suivre jusqu'à la conséquence ; mais il prend une autre maxime pareillement générale que le mauvais penchant lui suggère, et c'est de celle-ci qu'il tire la conclusion. Le philosophe dit très bien que le syllogisme de l'incontinent renferme quatre propositions, deux générales et deux particulières. Des deux propositions générales, l'une, dictée par

5

M. Drioux (vol. III, p. 615, 616).

M. Lachat (vol. VII, p. 70. 71).

Texte latin.

rationis; putà « nullam fornicationem esse committendam ; » alia est passionis, putà « delectationem esse sectandam. » Passio igitur ligat rationem ne assumat et concludat sub prima ; unde eâ durante assumit et concludit sub secundâ.

la première appartient à la raison, c'est celle qui dit qu'on ne doit commettre aucune fornication; la seconde vient de la passion, c'est celle qui dit qu'on doit rechercher le plaisir. La passion empêche donc la raison de poser son principe et d'en tirer une conséquence ; mais elle pose ses prémisses et conclut.

la raison, dit : « Il faut fuir l'impureté ; » l'autre suggérée par le mauvais penchant, s'articule ainsi : « Il faut suivre le plaisir. » Eh bien, la passion désordonnée subjuguant la raison, l'empêche de tirer la conséquence de la première et lui fait déduire celle de la seconde.

PREMIÈRE PARTIE DE LA SECONDE.

TRAITÉ DE LA GRACE.

ARTICLE V.

La grace gratuite est-elle plus noble que la grace sanctifiante ? (Suite.)

Texte latin.

(CONCLUSIO. — Gratia gratum faciens, cum immediate hominem Deo conjungat, gratis autem data, ut gratia prophetiæ aut miraculorum, etc., ad hoc solùm præparet atque disponat; multo excellentior, nobilior et dignior est quavis gratia gratis data.)

Respondeo dicendum, quod unaquæque virtus tanto excellentior est, quanto ad altius bonum ordinatur. Semper autem finis potior est his quæ sunt ad finem; gratia autem gratum faciens ordinat hominem immediate ad conjunctionem ultimi finis; gratiæ autem gratis datæ ordinant hominem ad quædam præparatoria finis ultimi, sicut per prophetiam et miracula et alia hujusmodi homines inducuntur ad hoc quod ultimo fini conjungantur. Et ideo gratia gratum faciens est multo excellentior quam gratia gratis data.

M. Drioux (vol. III, p. 615, 616).

CONCLUSION. — La grâce sanctifiante unissant immédiatement l'homme à Dieu, tandis que la grâce gratuitement donnée (comme la grâce de la prophétie ou des miracles) ne fait qu'y préparer et y disposer; elle est beaucoup plus excellente, plus noble et plus digne que cette dernière.

Il faut répondre qu'une vertu est d'autant plus noble qu'elle se rapporte à un bien plus élevé. Or, la fin est toujours supérieure aux moyens. Par conséquent, puisque la grâce sanctifiante met l'homme immédiatement en union avec sa fin dernière, tandis que les grâces gratuitement données le mettent en rapport avec ce qui doit le préparer à cette union, comme la prophétie, les miracles et les autres choses de cette nature, qui disposent les hommes à s'unir à leur fin dernière, il s'ensuit que la grâce sanctifiante est beaucoup plus excellente que la grâce gratuitement donnée.

M. Lachat (vol. VII, p. 70-74.

(CONCLUSION. — Comme la grace sanctifiante unit immédiatement l'homme à Dieu, tandis que la grace gratuite, le don de prophétie, par exemple, ou celui de faire des miracles, ne fait que préparer et disposer l'homme à cette union, la grace sanctifiante est beaucoup plus noble que la grace gratuitement donnée.)

Une vertu est d'autant plus excellente, qu'elle se propose un bien plus élevé. Or la fin est quelque chose de supérieur aux moyens ; et la grace sanctifiante place immédiatement l'homme dans le rapport voulu avec sa fin dernière, tandis que les graces gratuites ne disposent l'homme que de loin vers cette même fin : ainsi, par les prophéties et les miracles et les autres dons semblables, les hommes sont uniquement induits et amenés à se mettre en rapport avec leur fin dernière. Voilà pourquoi la grace sanctifiante est beaucoup plus élevée que la grace gratuite.

Texte latin.

Ad primum ergo dicendum, quod, sicut Philosophus dicit in I. *Metaph* , « bonum multitudinis, sicut exercitus, est duplex. Unum quidem, quod est in ipsa multitudine, ppità ordo exercitus; aliud autem est, quod est separatum à multitudine, sicut bonum ducis; et hoc melius est, quia ad hoc etiam illud aliud ordinatur. » Gratia autem gratis data ordinatur ad bonum commune Ecclesiæ, quod est ordo ecclesiasticus; sed gratia gratum faciens ordinatur ad bonum commune separatum, quod est ipse Deus. Et ideo gratia *gratum faciens* est nobilior.

Ad secundum dicendum, quod si gratia *gratis data* posset hoc agere in altero quod homo per gratiam *gratum facientem* consequitur, sequeretur quod gratia gratis data esset nobilior : sicut excellentior est claritas solis illuminantis quam corporis illuminati. Sed per gratiam *gratis datam* homo non potest causare in alio conjunctionem ad Deum, quam ipse habet per gratiam *gratum facientem*; sed causat quasdam dispositiones ad hoc. Et ideo non oportet quod gratia *gratis data* sit excellentior, sicut nec in igne, calor manifestativus speciei ejus, per quam agit ad inducendum calorem in alia, est nobilior quam forma substantialis ipsius.

Ad tertium dicendum, quod *sentire* ordinatur ad *ratiocinari* sicut ad finem, et ideo *ratiocinari* est nobilius Hic autem est è converso, quia id quod est proprium, ordinatur ad id quod est commune, sicut ad finem. Unde non est simile.

M. Drioux (vol. III, p. 618, 616).

Il faut répondre au *premier* argument que, comme le dit Aristote (*Met.*, lib. XII, text. 52), le bien d'une multitude comme d'une armée *est* de deux sortes : l'un ne réside que dans la multitude elle-même, tel que l'ordre de l'armée; l'autre est séparé de la multitude, comme le bien du général; et ce dernier est le meilleur, parce que c'est à celui-ci que l'autre se rapporte. Or, la grâce gratuitement donnée a pour but le bien général de l'Église, qui est l'ordre ecclésiastique, tandis que la grâce sanctifiante se rapporte au bien général séparé, qui est Dieu lui-même. C'est pourquoi la grâce sanctifiante est la plus noble.

Il faut répondre au *second* que, si la grâce gratuitement donnée pouvait produire dans les autres ce que l'homme obtient par la grâce sanctifiante, il s'ensuivrait que la grâce gratuitement donnée serait la plus noble; comme la clarté du soleil qui éclaire l'emporte sur celle d'un corps qui est éclairé. Mais par la grâce gratuitement donnée, l'homme ne peut pas produire dans un autre l'union avec Dieu qu'il possède par la grâce sanctifiante ; il ne produit que des dispositions à cette grâce. C'est pourquoi il n'est pas nécessaire que la grâce gratuitement donnée soit plus noble. C'est ainsi que dans le feu la chaleur par laquelle il agit pour échauffer un autre corps n'est pas plus noble que sa forme substantielle.

Il faut répondre au *troisième* que la sensibilité se rapporte au raisonnement comme à sa fin; c'est pourquoi le raisonnement est plus noble. Mais ici c'est le contraire; parce que ce qui est propre se rapporte à ce qui est commun comme à sa fin. Il n'y a donc pas de parité.

M. Lachat (vol. VII, p. 70-74).

Je réponds aux arguments : 1° Voici comment s'exprime le Philosophe, *Métaph.*, I, 12 : « Le bien de la multitude, telle qu'une armée, est de deux sortes : il y a le bien qui se trouve dans la multitude même, comme, par exemple, l'ordre de l'armée; et il y a le bien qui est supérieur à la multitude et qui s'applique au chef; et ce dernier bien est supérieur au premier, puisque celui-ci lui est subordonné.» Or la grâce gratuite a pour objet le bien commun de l'Église et réside dans le ministère ecclésiastique; et la grâce sanctifiante se rapporte à un bien d'un ordre supérieur, qui est Dieu même. Voilà pourquoi la grâce sanctifiante est plus noble que la grâce gratuite.

2° Si la grâce gratuite pouvait, en effet, produire dans un autre le bien que l'homme obtient par la grâce sanctifiante, on pourrait dire que la grâce gratuite est la plus noble, tout comme la clarté du soleil est plus noble que celle des corps illuminés par lui. Mais, par la grâce gratuite, un homme ne peut pas produire dans un autre l'union immédiate avec Dieu, telle qu'il la possède lui-même par la grâce sanctifiante; il la dispose simplement à cette union. Il ne faut donc pas dire que la grâce gratuite soit la plus élevée, pas plus que dans le feu, par exemple, la chaleur qui révèle sa nature ou son espèce, et par laquelle il agit sur les autres corps pour en élever la température, n'est plus noble que sa forme substantielle.

3° La faculté de sentir est subordonnée à celle de raisonner, comme un moyen l'est à sa fin. Et voilà pourquoi la seconde faculté est plus noble que la première. Mais quand il s'agit de la grâce, c'est le contraire qui a lieu, car ce qui est propre est subordonné à ce qui est commun. Il n'y a donc pas là de parité.

QUÆSTIO CXII.

DE CAUSA GRATIÆ, IN QUINQUE ARTICULOS DIVISA.

Deinde considerandum est de causa gratiæ. Et circa hoc quæruntur quinque : 1° Utrum solus Deus sit causa efficiens gratiæ. 3° Utrum requiratur aliqua dispositio ad gratiam ex parte recipientis ipsam per actum liberi arbitrii. 3° Utrum talis dispositio possit esse necessitas ad gratiam. 4° Utrum gratia sit æqualis in omnibus. 5° Utrum aliquis possit scire se habere gratiam.

ARTICULUS I.

Utrum solus Deus sit causa gratiæ.

Ad primum sic proceditur. Videtur quod non solus Deus sit causa gratiæ. Dicitur enim Joan., I : « Gratia et veritas per Jesum Christum facta est. » Sed in nomine Jesu Christi intelligitur non solum natura divina assumens, sed etiam natura creata assumpta. Ergo aliqua creatura potest esse causa gratiæ.

2. Præterea, illa differentia ponitur inter sacramenta novæ legis et veteris, quod sacramenta novæ legis causant gratiam, quam sacramenta veteris legis solum significant. Sed sacramenta novæ legis sunt quædam visibilia elementa. Ergo non solus Deus est causa gratiæ.

3. Præterea, secundum Dionysium in libro Cœl. hier., angeli purgant, et illuminant, et perficiunt et angelos inferiores et etiam hom-

QUESTION CXII.

DE LA CAUSE DE LA GRACE.

Nous avons maintenant à nous occuper de la cause de la grâce, et à ce sujet cinq questions se présentent : 1° N'y a-t-il que Dieu qui soit la cause efficiente de la grâce? — 2° La grâce exige-t-elle que celui qui la reçoit y soit disposé par l'acte de son libre arbitre? — 3° Cette disposition peut-elle nécessiter la grâce elle-même? — 4° La grâce est-elle égale chez tout le monde? — 5° Peut-on savoir si on a la grâce?

ARTICLE I.

N'y-t-il que Dieu qui soit digne de la grâce?

1. Il semble que Dieu ne soit pas seul cause de la grâce. Car il est dit (Joan. I, 17) : *La grâce et la vérité ont été apportées par Jésus-Christ.* Or, sous le nom de Jésus-Christ on n'entend pas seulement la nature divine, mais encore la nature humaine qu'il a revêtue. Donc une créature peut être cause de la grâce.

2. Il y a cette différence entre les sacrements de la loi nouvelle et ceux de l'ancienne, que les sacrements de la loi nouvelle produisent la grâce qui a été seulement figurée par les sacrements de la loi ancienne. Or, les sacrements de la loi nouvelle sont des éléments visibles. Il n'y a donc pas que Dieu qui soit cause de la grâce.

3. D'après saint Denis (*Lib. de cœl. hier.* cap. 3 et 4), les anges purgent, illuminent et perfectionnent les anges inférieurs ainsi que les hommes. Or, la

QUESTION CXII.

DE LA CAUSE DE LA GRACE.

Après avoir parlé de la nécessité, de l'essence et de la division de la grace, nous allons maintenant en considérer la cause.

Sur ce sujet, cinq questions se présentent : 1° Dieu seul est-il la cause efficiente de la grace? 2° Faut-il quelques dispositions à la grace, de la part du sujet qui la reçoit, au moyen de l'acte du libre arbitre? 3° Une telle disposition implique-t-elle nécessité par rapport à la grace? 4° La grace est-elle égale pour tous? 5° Un homme peut-il savoir qu'il a la grace?

ARTICLE I.

Dieu seul est-il la cause de la grace.

Il paroît que Dieu seul n'est pas la cause de la grace. 1° Il est dit dans l'Evangile, *Joan.,* I, 17 : « La grace et la vérité nous sont venues par Jésus-Christ. » Mais le nom de Jésus-Christ désigne non-seulement la nature divine, mais encore la nature créée dans son union avec celle-là. Donc il est une créature qui peut aussi être la cause de la grace.

2° On établit cette différence entre les sacrements de la loi nouvelle et ceux de l'ancienne loi, que les sacrements de la loi nouvelle produisent la grace, tandis que ceux de l'ancienne loi la représentent seulement. Or les sacrements de la nouvelle loi sont néanmoins des éléments visibles. Donc Dieu seul n'est pas la cause de la grace.

3° D'après saint Denis, les anges supérieurs purifient, illuminent, perfectionnent, et les anges inférieurs et les hommes. Or la créature raisonnable est

Texte latin.

nes. Sed rationalis creatura purgatur, illuminatur et perficitur per gratiam. Ergo non solus Deus est causa gratiæ.

Sed contra est, quod in Psal. LXXXIII, discitur : « Gratiam et gloriam dabit Dominus. »

(Conclusio. — Cum gratia omnem naturæ creatæ facultatem excedat, eo quod nihil aliud sit quam participatio quædam divinæ naturæ, quæ omnem aliam naturam excedit, à nullo nisi à Deo causari potest.).

Respondeo dicendum, quod « nulla res potest agere ultra suam speciem; » quia semper oportet quod causa potior sit effectu. Donum autem gratiæ excedit omnem facultatem naturæ creatæ, cum nihil aliud sit quam quædam participatio divinæ naturæ, quæ excedit omnem aliam naturam : et ideo impossibile est quod aliqua creatura gratiam causet. Sic enim necesse est, quod solus Deus deificet, communicando consortium divinæ naturæ per quamdam similitudinis participationem : sicut impossibile est quod aliquid igniat nisi solus ignis.

Ad primumm ergo dicendum, quod humanitas Christi est sicut « quoddam organum divinitatis ejus, » ut Damascenus dicit in III. libro. Instrumentum autem non agit actione agentis principalis propria virtute, sed virtute principalis agentis : et ideo humanitas Christi non causat gratiam propria virtute, sed virtute divinitatis adjunctæ, ex qua actiones humanitatis Christi sunt salutares.

M. Drioux (vol. III, p. 615, 616).

créature raisonnable est purgée, éclairée et perfectionnée par la grâce. Donc il n'y a pas que Dieu qui soit cause de la grâce.

Mais c'est le contraire. Il est dit (Ps. LXXXIII, 12) : Le Seigneur vous donnera la grâce et la gloire.

CONCLUSION. — La grâce surpassant les forces de toute nature, par là même qu'elle n'est rien autre chose qu'une participation de la nature divine qui surpasse toute autre nature, elle ne peut être produite que par Dieu.

Il faut répondre qu'aucune chose ne peut agir au delà de son espèce, parce qu'il faut toujours que la cause l'emporte sur l'effet. Or, le don de la grâce surpasse toutes les forces d'une créature, puisqu'elle n'est rien autre chose qu'une participation de la nature divine qui surpasse toute autre nature. C'est pourquoi il est impossible qu'une créature la produise. Car nécessairement il n'y a que Dieu qui puisse déifier, en faisant entrer en communication de la nature divine ceux qu'il admet à participer à sa ressemblance, comme il n'y a que le feu qui puisse embraser (ignire).

Il faut répondre au premier argument, que l'humanité du Christ est comme l'organe ou l'instrument de la Divinité, selon l'expression de saint Jean Damascène (De orth. fid. lib. III, cap. 15), Or, l'instrument ne produit pas l'action de l'agent principal par sa propre vertu, mais par la vertu de l'agent qui l'emploie. C'est pourquoi l'humanité du Christ ne produit pas la grâce par sa propre vertu, mais par la vertu de la Divinité qui lui est unie et qui fait que ses actions contribuent à notre salut.

M. Lachat (vol. VII, p. 70-75).

purifiée, illuminée, perfectionnée par la grâce. Donc Dieu seul n'est pas la cause de la grâce.

Mais nous voyons le contraire dans cette parole de l'Écriture, Psal. LXXXIII, 12 : « Le Seigneur donnera sa grace et la gloire. »

CONCLUSION. — Comme la grace dépasse la vertu de toute nature créée, puisqu'elle est en quelque sorte une participation de la nature divine, nature supérieure à toute autre, la grace ne doit avoir d'autre cause que Dieu.

« Une chose ne peut avoir une action supérieure à son espèce, » puisque la cause doit toujours l'emporter sur son effet. Or le don de la grace dépasse la vertu de toute nature créée, puisque ce don est comme une participation de la nature divine, et que cette nature est infiniment supérieure à toute autre. Il est donc impossible qu'une créature quelconque produise la grace. Il n'appartient, en effet, qu'à Dieu seul de déifier en quelque sorte un être, en le faisant participer à sa propre nature, c'est-à-dire en lui imprimant sa ressemblance d'une manière plus parfaite : c'est ainsi que le feu seul peut rendre un objet igné.

Je réponds aux arguments : 1° « l'humanité du Christ est en quelque sorte un organe de sa divinité, » comme l'appelle saint Damascène. Or un organe ou instrument n'agit pas de lui-même sous l'impulsion de l'agent principal ; il agit par la vertu de ce même agent. L'humanité du Christ ne produit donc pas la grace par sa propre vertu ; elle ne la produit que par la vertu de la divinité qui lui est adjointe, et qui fait que les actions de l'humanité peuvent opérer le salut.

Ad secundum dicendum, quod sicut in ipsa persona Christi humanitas causat salutem nostram per gratiam, virtute divina principaliter operante; ita etiam in sacramentis novæ legis, quæ derivantur à Christo, causatur gratia, instrumentaliter quidem per ipsa sacramenta, sed principaliter per virtutem Spiritus sancti in sacramentis operantis, secundum illud Joan., III : « Nisi quis renatus fuerit ex aqua et Spiritu sancto, etc. »

Il faut répondre au *second*, que, comme dans la personne du Christ l'humanité est cause de notre salut, au moyen de la grâce qui est principalement produite par la vertu divine, de même dans les sacrements de la loi nouvelle qui découlent du Christ la grâce a pour causes instrumentales les sacrements eux-mêmes, et pour cause principale la vertu de l'Esprit-Saint qui opère dans les sacrements, d'après cette parole de saint Jean (m. 5) : *Si on ne renaît pas de l'eau et de l'Esprit-Saint, on ne peut entrer dans le royaume de Dieu.*

2° De même que, dans la personne du Christ, l'humanité opère notre salut par la grace, en vertu de l'agent principal qui est la divinité; de même, dans les sacrements de la nouvelle loi, lesquels dérivent du Christ, ces sacrements sont, il est vrai, les instruments par lesquels la grace est produite; mais l'agent principal qui produit cette grace, c'est la vertu de l'Esprit-Saint agissant par les sacrements, selon cette parole de l'Evangile, *Joan.*, III, : « Si l'homme ne renaît de l'eau et de l'Esprit-Saint, il ne peut entrer dans le royaume de Dieu. »

Ad tertium dicendum, quod Angelus purgat, illuminat et perficit angelum vel hominem, per modum instructionis cujusdam non autem justificando per gratiam. Unde Dionysius dicit cap. VII. *De div. Nom.* quod hujusmodi « purgatio, illuminatio et perfectio nihil est aliud quam divinæ scientiæ assumptio (1). »

Il faut répondre au *troisième*, que l'ange purge, illumine et perfectionne l'ange ou l'homme en l'instruisant, mais non en le justifiant par la grâce. C'est ce qui fait dire à saint Denis que cette perfection, cette illumination et ce perfectionnement ne sont rien autre qu'une participation infuse de la science divine.

3° L'ange supérieur purifie, illumine, perfectionne et l'ange inférieur et l'homme, mais par manière d'enseignement, comme nous l'avons dit-ailleurs, et non en produisant la justification par la grace. C'est ce qui fait dire à saint Denis : « La purification, l'illumination et la perfection dont il s'agit, n'est autre chose qu'une participation de la science divine. »

SECONDE PARTIE DE LA SECONDE.

TRAITÉ DES VERTUS THÉOLOGALES.

ARTICULUS X.

Utrum eleemosyna sit abundanter facienda.

Ad decimum sic proceditur. Videtur quod eleemosyna non sit abundanter facienda. Eleemosyna enim maxime debet fieri conjunctioribus. Sed illis non debet sic dari, ut ditiores inde fieri valeant, sicut Ambrosius dicit in I *De Offic.* (cap. 30). Ergo nec aliis debet abundanter dari.

ARTICLE X.

Doit-on donner beaucoup quand on fait l'aumône?

1. Il semble qu'on ne doive pas faire l'aumône largement. Car on doit faire l'aumône surtout aux personnes avec lesquelles on est le plus uni. Or, on ne doit pas leur donner de manière à les rendre plus riches que soi, comme l'observe saint Ambroise (*De offic.* lib. 1, cap. 30). On ne doit donc pas donner aux autres avec abondance.

ARTICLE X.

L'aumône doit-elle être faite avec abondance ?

Il paroît que l'aumône ne doit pas être faite avec abondance. 1° L'aumône doit avant tout être faite à nos proches, comme il vient d'être dit. Or saint Ambroise, à la suite du passage cité plus haut, observe qu'il ne faut pas tellement donner à nos proches qu'ils en deviennent plus riches. Donc à plus forte raison ne faut-il pas donner avec abondance aux étrangers.

2. Præterea, Ambrosius dicit ibidem : « Non debent simul effundi opes, sed dispergi suri. » Sed abundantia eleemosynarum ad effusionem pertinet. Ergo eleemosyna non debet fieri abundanter.

3. Præterea, II *ad Cor.*, VIII, dicit Apostolus : « Non ut aliis sit remissio, (id est, ut alii de vestris otiosè vivant) vobis autem sit tribulatio, » id est, paupertas. Sed hoc contingeret, si eleemosyna daretur abundanter. Ergo non est abundanter eleemosyna largienda.

Sed contra est, quòd dicitur *Tob.*, IV ; « Si multum tibi fuerit, abundanter tribue. »

(CONCLUSIO. — Abundanter eleemosynam facere, ut indigentiam suppleat recipientis, et sit secundum propriæ facultatis proportionem facta, laudabile est ; sed vitium est sic abundanter dare, ut recipiens superfluum habeat).

Respondeo dicendum, quòd abundantia eleemosynæ potest considerari et ex parte dantis, et ex parte recipientis. Ex parte quidem dantis, cùm scilicet aliquis aliquid dat quod est multum secundum proportionem propriæ facultatis ; et sic laudabile est abundanter dare. Unde et Dominus *Luc.*, XXI, laudavit viduam « quæ ex eo quod deerat illi, omnem victum quem habuit, misit », observatis tamen his, quæ suprà dicta sunt de eleemosyna facienda de necessariis. Ex

2. Saint Ambroise dit (*loc. cit.*) qu'on ne doit pas verser tout à la fois toutes ses richesses, mais qu'on doit les distribuer. Or, l'abondance des aumônes conduirait à répandre sans mesure les richesses qu'on possède. On ne doit donc pas faire l'aumône de la sorte.

3. Saint Paul dit (II. *Cor.* vii, 13) : *Je n'entends pas que les autres soient soulagés*, c'est-à-dire qu'ils vivent dans l'oisiveté à vos dépens, *tandis que vous serez surchargés*, c'est-à-dire pauvres. Or, il en serait ainsi si on donnait l'aumône avec abondance. On ne doit donc pas ainsi la faire.

Mais c'est le *contraire*. Il est dit (Tob. iv, 9) : *Si vous avez beaucoup, donnez beaucoup.*

CONCLUSION. — Il est louable de faire l'aumône abondamment quand l'indigence de celui qui la reçoit l'exige, et que d'ailleurs on a le moyen de la faire ; mais c'est une faute de donner beaucoup de telle sorte que celui qui reçoit ait du superflu.

Il faut répondre qu'on peut considérer l'abondance de l'aumône par rapport à celui qui donne et par rapport à celui qui reçoit. — Par rapport à celui qui donne, l'aumône est abondante quand on donne beaucoup en proportion de sa fortune. En ce sens, c'est une chose louable que de donner beaucoup. Ainsi le Seigneur (Luc. xxi) a loué la veuve d'avoir donné de son indigence même tout ce qui lui restait pour vivre. Toutefois on doit observer tout ce que nous avons dit de l'aumône (art. 6) pour le cas de

2° Le saint-évêque de Milan dit au même endroit : « Les biens ne doivent pas être jetés sans réserve et sans discernement, il faut les dispenser avec mesure. » Or, l'abondance des aumônes tombe dans ce vice de la profusion. Donc l'aumône ne doit pas être faite avec abondance.

3. Voici ce que dit l'Apôtre, II *Cor.*, VIII, 13 : « Je n'entends pas que les autres soient dans l'abondance (c'est-à-dire qu'ils se servent de vos biens pour vivre dans l'oisiveté), et que vous soyez dans la tribulation, » c'est-à-dire dans le dénûment. Or c'est là ce qui arriverait si l'aumône était donné avec abondance. Donc ce n'est pas ainsi qu'il faut la donner.

Mais le contraire est expressément dit dans les Livres saints, *Tob.*, IV, 9 : « Si tu possèdes beaucoup, donne avec abondance. »

(CONCLUSION. — Faites assez largement l'aumône pour qu'elle supplée à l'indigence de celui qui la reçoit, et de telle sorte qu'elle soit en rapport avec les ressources de celui qui la fait, c'est une chose bonne et louable ; mais il y auroit excès à la faire avec tant d'abondance que le pauvre se trouvât ensuite avoir du superflu).

L'abondance de l'aumône peut être considérée, ou de la part de celui qui la donne, ou de la part de celui qui la reçoit. Sous le premier aspect, l'aumône est abondante quand ce qu'on donne est beaucoup eu égard aux ressources qu'on possède ; il est louable de donner avec une telle abondance. C'est ainsi que le Seigneur, *Luc.*, XXI, loua cette pauvre veuve qui tirant en quelque sorte « de son indigence même, donna tout ce qui lui restoit pour vivre. » Ceci doit néanmoins être expliqué selon les principes que nous

Texte latin.

parte verò ejus cui datur, est abundans; eleemosyna dupliciter. Uno modo, quod supplicat
sufficienter ejus indigentiam; et sic laudabile
est abundanter eleemosynam tribuere. Alio
modo, ut superabundet superfluitatem; et hoc
non est laudabile, sed melius est pluribus indi-
gentibus elargiri. Unde et Apostolus dicit : I ad
Cor., XIII : « Si distribuero in cibos paupe-
rum. » Ubi Glossa dicit : « Per hoc cautela
eleemosynæ docetur, ut non uni, sed multis
detur, ut pluribus prosit. »

Ad primum ergo dicendum, quòd ratio illa
procedit de abundantia superexcedente necessitatem recipientis eleemosynam.

Ad secundum dicendum, quòd auctoritas illa
loquitur de abundantia eleemosynæ ex parte
dantis. Sed intelligendum est, quòd Deus non
vult simul effundi omnes opes, nisi in mutatione
status. Unde subdit ibi : Nisi fortè, ut Eliseus
boves suos occidit, et pavit pauperes ex eo quod
habuit, ut nulla cura domestica teneretur. »

Ad tertium dicendum, quod auctoritas in-
ducta quantum ad hoc quod dicit : « Non ut
aliis sit remissio, vel refrigerium, » loquitur de
abundantia eleemosynæ, quæ superexcedit necessitatem recipientis, cui non est danda elee-

M. Drioux (vol. IV, p. 291, 292).

nécessité. — Par rapport à celui qui reçoit, l'aumône est abondante de deux manières : 1° quand elle
supplée suffisamment à son indigence. Il est encore
louable de faire l'aumône abondamment de cette
manière. 2° Quand elle dépasse le nécessaire et
arrive au superflu. Dans ce cas, elle n'est plus louable, mais il vaut mieux qu'on donne à un plus grand
nombre d'indigents. A propos de ces paroles de
l'Apôtre (I. *Cor*. XIII, 3) : *Quand je distribuerais tous
mes biens aux pauvres*, la glose (*interl.*) dit que nous
sommes par là engagés à faire l'aumône avec dis-
crétion, de manière que nous ne donnions pas à un
seul, mais à plusieurs, afin d'être utile à un plus
grand nombre.

Il faut répondre au *premier* argument, que ce raisonnement s'appuie sur l'abondance qui dépasse
le nécessaire relativement à celui qui reçoit l'aumône.

Il faut répondre au *second*, que dans ce passage il
est question de l'abondance de l'aumône relativement à celui qui donne. On doit entendre que Dieu
ne veut pas qu'on se défasse tout à coup de toutes
ses richesses, sinon pour changer d'état. Aussi saint
Ambroise ajoute : A moins que ce ne soit comme
Elisée, qui tua ses bœufs et qui nourrit les pauvres
de ce qu'il possédait, afin de n'avoir plus le souci
des affaires domestiques.

Il faut répondre au *troisième*, que quand il est
dit dans le passage cité, qu'on ne doit pas être pour
les autres une cause de relâchement ou de refroidis-
sement, il est question de l'abondance de l'aumône
qui dépasse le nécessaire de celui qui la reçoit. Car

M. Lachat (vol. VIII, p. 80-84).

avons déjà posés touchant l'aumône faite avec le nécessaire. Par rapport à celui qui la reçoit, l'aumône
peut être abondante de deux manières : ou bien en
suppléant justement à son indigence, ce qui est faire
l'aumône avec une louable abondance ; ou bien en
lui créant un superflu, ce qui est blâmable, puisqu'on
auroit pu répandre ses dons sur plusieurs indigents.
De là cette expression de l'Apôtre, I *Cor.*, XIII, 3 :
« Lors même que je distribuerois mes biens pour ali-
menter les pauvres. » Sur quoi la Glose dit : « L'A-
pôtre nous apprend par là le discernement que nous
devons mettre dans l'aumône, de telle sorte qu'au
lieu de la donner à un seul, nous en fassions part à
plusieurs et que l'utilité en soit par là plus grande. »

Je réponds aux arguments : 1° Celui-ci porte uniquement sur l'aumône dont l'abondance dépasseroit
le besoin de celui qui la reçoit.

2° Le texte de saint Ambroise ne considère l'abondance de l'aumône que par rapport à celui qui l'a
fait. Dieu ne veut pas en réalité qu'on jette tous ses
biens à la fois, à moins que ce ne soit dans un changement d'état, comme nous l'avons observé plus
haut. Voilà pourquoi le même docteur ajoute : « Ce
principe n'atteint pas, par exemple, le prophète
Elisée tuant ses bœufs et donnant en outre tout
ce qu'il avait pour nourrir les pauvres, dans le
but de s'affranchir de tout embarras domestique. »

3° Ces mots de l'Apôtre, dans le texte cité : « Je
n'entends pas que les autres soient dans l'oisiveté,
ou les délices, » s'applique à l'aumône dont l'abondance excède la nécessité de celui qui la reçoit ; car
l'aumône doit uniquement pourvoir à la subsistance,

Texte latin.

mosyna ut inde luxurietur, sed ut inde sustentetur. Circa quod tamen est discretio adhibenda, propter diversas conditiones hominum; quorum quidam delicatius nutriti, indigent magis delicatis cibis aut vestibus. Unde Ambrosius dicit in lib. *De offic.* (ubi suprà) : « Consideranda est in largiendo ætas atque debilitas; nonnumquam etiam verecundia quæ ingenuos prodit natales; aut si quis ex divitiis in egestatem cecidit sine vitio suo. » Quantum verò ad id quod subditur : « Vobis autem tribulatio,» loquitur de *abundantia* ex parte dantis. Sed sicut Glossa ibidem dicit, « non hoc ideo dicit qum melius esset (scilicet abundanter dare); sed infirmis timet, quos sic dare monet ut egestatem non patiantur. »

QUÆSTIO XXXIII.

DE CORRECTIONE FRATERNA, IN OCTO ARTICULOS DIVISA.

Deinde considerandum est de correctione fraterna.

Et circa hoc quæruntur octo : 1° Utrùm fraterna correctio sit actus charitatis. 2° Utrùm sit sub præcepto. 3° Utrùm hoc præceptum extendat se ad omnes, vel solùm ad prælatos. 4° Utrùm subditi teneantur ex hoc præcepto prælatos corrigere. 5° Utrùm peccator possit corrigere. 6° Utrùm aliquis debeat corripi, qui ex correctione sit deterior. 7° Utrùm secreta

M. Drioux (vol. IV, p. 281, 283).

on ne doit pas donner à quelqu'un de quoi vivre avec luxe, mais seulement de quoi vivre. Néanmoins, à ce sujet il faut faire la part des conditions diverses des individus : ceux qui ont été élevés avec plus de délicatesse ont besoin de nourritures meilleures ou d'habits plus commodes. C'est ce qui fait dire à saint Ambroise (*De offic.* lib. I, cap. 30), que quand on donne il faut considérer l'âge, la faiblesse et quelquefois la honte qui trahit une naissance élevée, ou bien il faut voir si quelqu'un est tombé de l'opulence dans la pauvreté, sans qu'il y ait de sa faute. — Quant à ce qu'on ajoute qu'il ne faut pas se surcharger soi-même, il s'agit de l'abondance relativement à celui qui donne. Aussi la glose fait remarquer que l'Apôtre ne dit pas qu'il serait mieux de donner abondamment, mais qu'il craint pour les faibles, et qu'il les engage à donner sans s'exposer à tomber eux-mêmes dans l'indigence.

QUESTION XXXIII.

DE LA CORRECTION FRATERNELLE.

Après avoir parlé de l'aumône, nous avons à nous occuper de la correction fraternelle. — A ce sujet huit questions se présentent : 1° La correction fraternelle est-elle un acte de charité? — 2° Est-elle de précepte? — 3° Le précepte s'étend-il à tous les hommes ou seulement aux supérieurs? — 4° Les inférieurs sont-ils obligés par ce précepte à corriger ceux qui sont au-dessus d'eux? — 5° Le pécheur peut-il faire la correction? — 6° Doit-on appliquer la correction à celui qu'elle rend pire? — 7° La correction

M. Lachat (vol. VIII, p. 80-84).

et jamais au luxe ni au plaisir. A cet égard il faut néanmoins distinguer les diverses conditions des hommes; il en est qui ayant été nourris avec plus de délicatesse, ont par là même besoin d'aliments et d'habits plus délicats. C'est là ce qui fait encore dire à saint Ambroise, toujours dans le livre déjà cité : « Il faut considérer dans l'aumône l'âge et la foiblesse de la personne à qui on la fait, parfois aussi la pudeur avec laquelle elle la reçoit, signe ordinaire d'une nature généreuse; il faut voir enfin si cette personne est tombée du sein des richesses dans la pauvreté sans qu'il y ait eu de sa faute. » Quant à ces mots ajoutés par l'Apôtre : «Et que vous soyez dans la tribulation, « c'est bien l'excès de l'aumône qui se trouve ainsi condamné; mais la Glose ajoute avec raison : « L'Apôtre n'entend pas dire par là qu'une aumône abondante ne soit un plus grand bien; il prévient seulement les âmes faibles pour qu'elles ne tombent pas dans l'indigence en donnant avec inconsidération. »

QUESTION XXXIII.

DE LA CORRECTION FRATERNELLE.

Nous avons maintenant à traiter de la correction fraternelle. Huit questions sur ce sujet : 1° La correction fraternelle est-elle un acte de la charité? 2° Tombe-t-elle sous un précepte? 3° Ce précepte s'étend-il à tout le monde ou se borne-t-il aux supérieurs? 4° Les subordonnés sont-ils tenus en vertu de ce précepte de corriger leurs chefs? 5° Un pécheur peut-il exercer la correction fraternelle? 6° Faut-il corriger celui que la correction rend pire? 7° La correction secrète doit-elle précéder la dénonciation?

| Texte latin. | M. Drioux (vol. IV, p. 231, 232). | M. Lachat (vol. IV, 90-94). |

correctio debeat præcedere denuntiationem. — 8° Utrum testium inductio debeat præcedere denuntiationem.

secrète doit-elle précéder la dénonciation? — 8° La production des témoins doit-elle précéder la dénonciation?

8° En est-il de même de la correction exercée devant quelques témoins?

ARTICULUS I.

Utrum fraterna correctio sit actus charitatis.

Ad primum sic proceditur. Videtur quòd fraterna correctio non sit actus charitatis. Dicit enim Glossa *Matth.*, XVIII, super illud : « Si peccaverit in te frater tuus, » quòd frater est arguendus ex zelo justitiæ. Sed justitia est virtus distincta à charitate. Ergo correctio fraterna non est actus charitatis, sed justitiæ.

2. Præterea, correctio fraterna fit per secretam admonitionem. Sed admonitio est consilium quoddam, quod pertinet ad prudentiam ; prudentis enim est esse consiliativum, ut dicitur *in Ethic.* Ergo fraterna correctio non est actus charitatis, sed prudentiæ.

3. Præterea, contrarii actus non pertinent ad eamdem virtutem. Sed supportare peccantem est actus charitatis, secundùm illud *Ad Gal.*, VI : « Alter alterius onera portate, et sic adimplebitis legem Christi ; » quæ est lex charitatis. Ergo videtur quòd corrigere fratrem peccantem, quod est contrarium supportationi, non sit actus charitatis.

Sed contra est, quòd corrigere delinquentem est quædam eleemosyna spiritualis. Sed ele-

ARTICLE I.

La correction fraternelle est-elle un acte de charité?

1. Il semble que la correction fraternelle ne soit pas un acte de charité. Car la glose dit à l'occasion de ces paroles de saint Matthieu (Matt. XVIII): *Si votre frère pèche contre vous*, qu'on doit reprendre son frère d'après le zèle de la justice. Or, la justice est une vertu distincte de la charité. Donc la correction fraternelle n'est pas un acte de charité, mais de justice.

2. La correction fraternelle se fait au moyen d'une admonition secrète. Or, l'admonition est un conseil, ce qui appartient à la prudence. Car c'est à l'homme prudent à donner de bons conseils, comme le dit Aristote (*Eth.* lib. VI, cap. 5). La correction fraternelle n'est donc pas un acte de charité, mais de prudence.

3. Les actes contraires n'appartiennent pas à la même vertu. Or, supporter celui qui pèche, c'est un acte de charité, d'après ces paroles de l'Apôtre (*Gal.* VI, 2): *Supportez-vous les uns les autres, et vous accomplirez ainsi la loi du Christ*, qui est une loi de charité. Il semble donc que corriger son frère qui pèche ne soit pas un acte de charité, parce que c'est un acte contraire à celui par lequel nous le supportons.

Mais c'est le *contraire*. Corriger celui qui pèche, c'est faire une aumône spirituelle. Or, l'aumône est

ARTICLE I.

La correction fraternelle est-elle un acte de la charité?

Il paroît que la correction fraternelle n'est pas un acte de la charité. 1° Sur ces paroles de l'Évangile, *Matth.*, XVIII: « Si votre frère a péché contre vous, » la Glose dit qu'on doit reprendre son frère par amour pour la justice. Or la justice est une vertu différente de la charité. Donc la correction fraternelle rentre dans la première, et non dans la seconde de ces vertus.

2° La correction fraternelle s'exerce par une secrète admonition. Or l'admonition est une sorte de conseil, et rentre par là dans la vertu de prudence; car c'est à l'homme prudent qu'il appartient de conseiller, selon la remarque du Philosophe. Donc la correction fraternelle n'est pas un acte de charité, mais bien un acte de prudence.

3° Des actes contraires ne sauraient appartenir à la même vertu. Or supporter le pécheur c'est un acte de charité, d'après cette parole, *Gal.*, VI, 2 : « Portez le fardeau l'un de l'autre et vous accomplirez ainsi la loi du Christ, » laquelle est une loi de charité. Donc corriger le pécheur, acte évidemment contraire au support du prochain, n'est pas un acte de charité.

Mais c'est le contraire qu'il faut dire, puisque la correction exercée à l'égard du pécheur est une au-

Texte latin.

mesyna est actus charitatis, ut supra dictum est (qu. 32, art. 1). Ergo et correctio fraterna est actus charitatis.

(CONCLUSIO. — Correctio qua fratris malum et peccatum repellimus, actus misericordiæ ac charitatis est, ut imperantis, et magis quam infirmitatis curatio, vel subventio; ac correctio qua remedium adhibetur malo quod vergit in aliorum, et communis boni nocumentum, actus potius justitiæ est.)

Respondeo dicendum, quod correctio delinquentis est quoddam remedium quod debet adhiberi contra peccatum alicujus. Peccatum autem alicujus dupliciter considerari potest : uno quidem modo, in quantum est nocivum ei qui peccat; alio modo, in quantum vergit in nocumentum aliorum, qui ex ejus peccato læduntur, vel scandalizantur, et etiam in quantum est in nocumentum boni communis, cujus justitia per peccatum hominis perturbatur.

M. Drioux (vol. IV, p. 653, 655).

un acte de charité, comme nous l'avons dit (quest. xxxii, art. 1). Donc la correction fraternelle est un acte de charité.

CONCLUSION. — La correction par laquelle nous relevons la faute d'un de nos frères pour l'en détourner est un acte de miséricorde et de charité plutôt que les soins qu'on donne à un malade ou que le secours qu'on accorde à un indigent; mais la correction par laquelle on remédie à un mal qui est nuisible aux autres et au bien général, est plutôt un acte de justice.

Il faut répondre que la correction est un remède que l'on doit employer contre le péché. Or, on peut considérer le péché de deux manières : 1° selon qu'il est nuisible à celui qui pèche; 2° selon qu'il nuit aux autres, en les blessant par lui-même ou en les scandalisant, ou même selon qu'il nuit au bien général dont la justice est troublée par la faute d'un individu.

M. Lachat (vol. IX, p. 93 94).

même spirituelle. L'aumône, en effet, est un acte de la charité, comme nous l'avons dit dans la question précédente. Donc la correction fraternelle l'est aussi.

(CONCLUSION. — La correction qui a pour but d'effacer le mal ou le péché de notre frère, est un acte commandé par la vertu de charité, et à plus juste titre que la guérison d'une maladie ou tout autre secours corporel; mais la correction qui a pour but de mettre un terme au mal nuisible aux autres ou à la société, est plutôt un acte de justice.)

La correction du pécheur n'est autre chose qu'une sorte de remède appliqué à son péché. Or le péché d'un homme peut être considéré sous un double rapport : d'abord comme une chose nuisible à celui-là même qui le commet; puis comme un préjudice porté aux autres, quand ils sont lésés ou scandalisés par ce péché, ou bien encore quand le bien public en souffre, à cause de l'atteinte qu'il porte à la justice.

SECONDE PARTIE DE LA SECONDE.
TRAITÉ DES VERTUS THÉOLOGALES.

Texte latin.
ARTICULUS XVII.
Utrum convenienter dicantur esse orationis partes, obsecrationes, orationes, postulationes et gratiarum actiones.

2. Præterea, oratio secundùm Damascenum (ut supra) est « petitio decentium à Deo. » In-

M. Drioux (vol. IV, p. 653, 655).
ARTICLE XVII.
Est-il convenable de dire que les parties de l'oraison sont les obsécrations, les prières, les demandes et les actions de grâces.

2. La prière, d'après saint Damascène (De orth. fid. lib. III, cap. 25), consiste à demander à Dieu ce

M. Lachat (vol. IX, p. 93-94).
ARTICLE XVII.
Doit-on distinguer, comme partie de l'exercice spirituel dans lequel nous implorons la miséricorde divine, l'obsécration, la prière, la postulation et l'action de grâces? (Suite.)

2° Selon saint Jean Damascène, la prière est une demande par laquelle nous sollicitons de Dieu

convenienter ergo *orationes contra postulationes* dividuntur.

3. Præterea gratiarum actiones pertinent ad præterita, alia verò ad futura. Sed præterita sunt priora futuris. Inconvenienter ergo *gratiarum actiones* post alia ponuntur.

In contrarium est authoritas Apostoli, *I ad Timoth.*, II.

(CONCLUSIO. — Quatuor hæ conveniunt orationi partes : *obsecrationes, orationes, postulationes et gratiarum actiones.*)

Respondeo dicendum, quòd ad orationem tria requiruntur. Quorum primum est, ut orans accedat ad Deum quem orat, quod significatur nomine *orationis*, quia oratio est *ascensus mentis in Deum.* Secundò requiritur petitio quæ significatur nomine *postulationis* : sive petitio proponatur determinatè (quod quidam nominant propriè *postulationem*); sive indeterminatè, ut cùm quis petit juvari à Deo (quod nominant *supplicationem*); sive solùm factum narretur, secundùm illud *Joan.*, XI : « Ecce quem amas infirmatur, » (quod vocant *insinuationem*). Tertiò requiritur ratio impetrandi quod petitur; et hoc vel ex parte Dei, vel ex parte petentis. Ratio quidem impetrandi ex parte Dei, est ejus sanctitas propter quam petimus exaudiri, secundùm illud *Danielis*, IX : « Propter temetipsum inclina, Deus meus, aurem tuam; » et ad hoc pertinet *obsecratio*, quæ est contestatio per sacra; sicut olim dicimus

qui convient. C'est donc à tort que l'on distingue les prières des *demandes*, comme si elles étaient opposées.

3. Les actions de grâces regardent le passé et les autres choses l'avenir. Or, le passé est avant l'avenir. C'est donc à tort qu'on met les *actions de grâces* après les autres parties de la prière.

Mais c'est le *contraire*. L'autorité de saint Paul est là pour établir cette division (I. *Tim.* II).

CONCLUSION. — Il y a dans l'oraison quatre parties : les obsécrations, les prières, les demandes et les actions de grâces.

Il faut répondre que pour la prière il faut trois choses : 1° Il faut que celui qui la fait s'approche de Dieu qu'il prie ; ce que le mot de *prière* exprime ; parce que la prière est une élévation de l'âme vers Dieu. 2° Elle suppose une demande que l'on exprime par le mot *postulation*; soit que l'on précise en particulier la chose que l'on désire, et alors c'est une *demande* proprement dite ; soit qu'on la désigne en général, comme quand on demande à Dieu du secours, ce que l'on appelle une *supplication* ; soit qu'on expose seulement le fait, d'après ces paroles de saint Jean (XI, 3) : *Voilà que celui que vous aimez est malade*, ce qui reçoit le nom d'*insinuation*. 3° Il faut une raison pour obtenir ce que l'on demande, et cette raison se tire de Dieu ou de celui qui fait la demande. De la part de Dieu, la raison que nous avons d'obtenir, c'est sa sainteté à cause de laquelle nous demandons à être exaucés, d'après cette pensée de Daniel (IX, 17) : *Mon Dieu, prêtez l'oreille à nos prières, faites-la pour vous-même.* C'est à ceci que se

les choses convenables. » Donc on ne doit pas distinguer la prière de la demande.

3° L'action de grâces se rapporte au passé ; mais l'obsécration, la prière et la postulation regardent le futur. Or le passé précède l'avenir. Donc on ne doit pas mettre l'action de grâces après les autres parties du saint exercice dont nous parlons.

Mais l'énumération posée plus haut repose sur l'autorité de saint paul, I *Timothée*, II, 1.

(CONCLUSION. — L'oraison a quatre parties : l'obsécration, la prière, la postulation et l'action de graces.)

Qui prie fait trois choses. D'abord il s'approche de Dieu, et c'est là ce qu'énonce le mot *prière*; car la prière est l'élévation de l'esprit vers Dieu. Ensuite il demande, et voilà ce qu'exprime le terme *postulation*. Ou cette demande réclame une chose particulière, et c'est la postulation proprement dite ; ou elle sollicite en général, comme lorsqu'on implore le secours céleste, et c'est la supplication ; ou elle se contente de rapporter un fait, comme les sœurs de Lazare dans l'Évangile, *Jean*, XI, 3 : « Seigneur, voilà celui que vous aimez est malade, » et c'est l'insinuation. Enfin celui qui prie expose les raisons qui appuient sa demande ; raisons qui peuvent se trouver en Dieu ou dans l'homme. Les raisons qui se trouvent en Dieu, c'est la sainteté par laquelle nous demandons d'être exaucés, comme dans cette prière du prophète, *Daniel*, IX, 17 et 18 : « Par vous-même, Seigneur, inclinez votre oreille et daignez nous écouter ; » cette sorte de supplique appartient à l'obsécration, qui consiste à conjurer

Texte latin.

« Per nativitatem tuam, libera nos, Domine. » Ratio verò impetrandi ex parte petentis, « est gratiarum actio, » qua de acceptis beneficiis gratias agentes meremur accipere potiora, ut in Collecta dicitur. Et ideo dicit Glossa, I. *Timoth.*, II, quòd in missa « obsecrationes sunt quæ præcedunt consecrationem, » in quibus quædam sacra commemorantur; « orationes sunt in ipsa consecratione, » in qua mens maximè debet elevari in Deum; » postulationes autem sunt in sequentibus petitionibus gratiarum actiones, in fine. » In pluribus etiam Ecclesiæ Collectis hæc quatuor possunt attendi; sicut in Collecta Trinitatis, quod dicitur: « Omnipotens sempiterne Deus, » pertinet ad orationis ascensum in Deum; quod dicitur: « Qui dedisti famulis tuis, etc., » pertinet ad gratiarum actionem; quod dicitur: « Præsta quæsumus, » pertinet ad postulationem; quod in fine ponitur: « Per Dominum nostrum Jesum, etc., » pertinet ad obsecrationem. In *Collationibus* autem *Patrum, Collat.* IX, ex Isaac Abbate, cap. 11 et sequentibus, obsecratio est imploratio seu petitio pro peccatis, quia vel pro præsentibus vel pro præteritis admissis suis unusquisque compunctus veniam deprecatur. Oratio est, cùm aliquid voventes Deo vel offerimus, cùm renuntiantes huic mundo spondemus nos totâ cordis intentione Domino servituros; cùm pollicemur nos purissimam corporis castitatem seu immobilem patientiam exhibituros perpetuo; vel cùm de corde nostro radices iræ seu tristitiæ mortem operantis funditus eruendas vovemus. Postulatio cùm pro aliis petimus, vel quam dum sumus in fervore Spiritûs constituti solemus emittere, pro charis

M. Drioux (vol. IV, p. 653, 655).

rapporte l'*obsécration*, qui est un moyen de conjurer Dieu par une chose sacrée, comme quand nous disons: *Par votre naissance, délivrez-nous, Seigneur.* La raison d'obtenir de la part de celui qui demande est l'*action de grâces*; parce qu'en rendant grâce des bienfaits que nous avons reçus, nous méritons d'en recevoir de plus grands, comme il est dit (in *Collectâ*). C'est pourquoi à l'occasion de ces paroles de l'apôtre (I, *Tim.* II), la glose dit que dans la messe, les obsécrations sont ce qui précède la consécration, où l'on rappelle les choses sacrées; les prières sont dans la consécration elle-même, dans laquelle l'âme doit principalement s'élever à Dieu; les demandes sont dans les paroles qui viennent ensuite et les actions de grâces à la fin. — Dans plusieurs collectes de l'Église, on peut remarquer ces quatre choses. Ainsi dans la Collecte de la Trinité, ces paroles: *Dieu tout-puissant et éternel*, se rapportent à l'élévation de la prière vers Dieu; celle-ci: *Vous qui avez donné à vos serviteurs, etc.*, appartiennent à l'action de grâces; quand on dit: *Faites, nous vous en prions*, c'est la demande; et ce qui se trouve à la fin: *Par notre Seigneur*, c'est l'obsécration. — Dans les conférences des Pères (*Coll.* IX *ex Is. abbat.* cap. 11 et seq.), l'*obsécration* consiste à implorer le pardon de Dieu pour ses péchés; parce que chacun demande avec larmes à être pardonné de ses fautes présentes ou passées. Il y a *prière* quand nous vouons ou que nous offrons à Dieu quelque chose; comme quand, après avoir renoncé au monde, nous promettons à Dieu de le servir de tout notre cœur, que nous nous engageons à conserver perpétuellement la chasteté la plus pure et la patience la plus inaltérable, ou quand nous faisons vœu d'arracher radicalement de notre cœur la colère ou la tristesse qui y produisent des fruits de mort. Il y a *demande*,

M. Lachat (vol. IX, p. 90-94).

au nom des choses saintes ou sacrées; comme lorsque nous disons: « Par votre naissance, délivrez-nous, Seigneur. » Les raisons qui se trouvent dans l'homme, c'est l'action de grâces qui, remerciant le ciel des bienfaits reçus, mérite d'en recevoir de plus grands, comme le dit l'Église dans une de ses oraisons.

Voici comment la Glose, interprétant le texte de saint Paul, 1 *Timoth.*, II, 1, explique tout cela. Dans l'action sainte de nos autels, « les obsécrations précèdent la consécration, rappelant plusieurs mystères sacrés; les prières ont lieu dans la consécration même, moment où l'esprit doit surtout s'élever vers Dieu; puis les postulations se font dans les demandes suivantes, et les actions de grâces à la fin de l'auguste sacrifice. » Plusieurs Collectes de l'Église présentent ces quatre choses réunies. Ainsi dans la Collecte de la sainte Trinité, ces mots: « Dieu tout-puissant et éternel, » forment la prière en élevant l'esprit vers Dieu; ces autres paroles: « Qui avez donné à vos serviteurs, etc., » constituent l'action de grâces; ces autres encore: « Accordez-nous s'il vous plaît, » formulent la postulation; puis ces autres, qui se trouvent à la fin: « Par Jésus-Christ Notre-Seigneur, » renferment l'obsécration. L'abbé Isaac, *Collat.* IX, 11, dit d'une autre part: « L'obsécration consiste à conjurer la clémence divine, en lui demandant avec repentir le pardon de ses péchés passés et présents. La prière est l'offrande par laquelle on voue quelque chose à Dieu, soit que, renonçant au monde, on proteste de le servir avec zèle et fidélité; soit qu'on lui promette de conserver une inviolable pureté dans ce corps impur, ou de garder une patience inaltérable dans les maux de la vie; soit qu'on lui offre le vœu d'arracher de son cœur les racines de la colère ou de la

nostris vel pro totius mundi pace poscentes, etc. Gratiarum actio, quam per ineffabiles excessus mens Deo refert, cùm præterita Dei recolit beneficia, vel præsentia contemplatur, vel quantà Deus his qui diligunt eum præparaverit in futurum prospicit, etc. » Sed primum est melius. . . . .

. . . .

Ad primum ergo dicendum, quòd obsecratio non est adjuratio ad compellendum (quæ prohibetur), sed ad misericordiam implorandam.

Ad secundum dicendum, quòd oratio communiter sumpta includit omnia quæ hic dicuntur : sed secundùm quòd contra alia dividitur, importat propriè ascensum in Deum. . . . .

. Ad tertium dicendum, quòd in diversis præteritis præcedunt futura ; sed aliquid unum et idem prius est futurum quàm sit præteritum : et ideo gratiarum actio de aliis beneficiis, præcedit postulationem aliorum beneficiorum ; sed idem beneficium priùs postulatur, et ultimò, cùm acceptum fuerit, de eo gratiæ aguntur ; postulationem autem præcedit oratio, per quam acceditur ad Deum à quo petimus : orationem autem præcedit obsecratio quæ ex considerationе divinæ bonitatis ad eum audemus accedere. . . . .

quand nous prions pour les autres, soit qu'emportés par la ferveur de notre esprit nous ayons coutume de prier pour nos amis, soit que nous le fassions pour le bien général du monde. Enfin *l'action de grâces* est celle que l'âme rend à Dieu par des transports ineffables. Quand elle se rappelle tous les bienfaits qu'elle en a reçus, ou qu'elle contemple ceux dont elle jouit dans le présent, ou qu'elle regarde dans l'avenir ceux que Dieu reserve à ceux qui l'aiment. Mais notre première explication est préférable. .

Il faut répondre au *premier* argument, que *l'obsécration* n'est pas une adjuration qui a pour but de faire faire par contrainte, ce qui est défendu, mais elle a pour fin d'implorer la miséricorde.

Il faut répondre au *second*, que la prière prise en général renferme toutes ces parties ; mais, prise dans un sens restreint, tel que nous le faisons ici, elle implique, à proprement parler, l'élévation de l'âme vers Dieu.

Il faut répondre au *troisième*, que pour des choses différentes le passé précède l'avenir, mais une seule et même chose est à venir avant d'être passée. C'est pourquoi l'action de grâces précède la demande à l'égard d'autres bienfaits, tandis que quand il s'agit du même bienfait, on le demande d'abord, et après l'avoir reçu on fait en dernier lieu une action de grâces à son sujet ; la prière, qui est l'acte par lequel on s'approche de Dieu pour lui demander, précède la demande, et l'obsécration, qui nous engage à nous approcher de Dieu d'après la consideration de sa divine bonté, précède la prière. . . . . .

tristesse qui conduit à la mort. La postulation a lieu lorsque le chrétien, l'âme dilatée par l'amour, se répand en prières pour ses proches, pour ses amis, pour tous les hommes, demandant la justice, la paix, la prospérité publique, etc. Enfin, dans l'action de grâces, l'esprit, transporté de reconnoissance, remercie la bonté suprême, lorsqu'il se rappelle les bienfaits que le Seigneur a répandus sur le monde, ou qu'il considère le bonheur ineffable qu'il a réservé à ceux qui l'aiment. » La première explication vaut mieux que celle-ci. . . . .

Je répond aux arguments : 1° L'obsécration qui se fait dans la prière n'a pas pour but de contraindre la volonté, mais d'émouvoir la miséricorde. Elle n'est donc pas cette sorte d'adjuration que la loi défend.

2° Quand on prend la prière dans le sens général, elle embrasse l'obsécration, la postulation et l'action de grâces ; mais lorsqu'on la distingue de ces choses, elle est proprement l'élévation de l'esprit vers Dieu. . . . .

3° Dans deux choses différentes, le passé précède le futur ; mais une seule et même chose est future, avant d'être passée. En conséquence l'action de grâces pour un premier bienfait précède la demande d'un second ; mais quand il s'agit d'un seul bienfait, on le demande d'abord, puis on remercie Dieu quand on l'a reçu. Ensuite la prière, par laquelle on approche Dieu pour lui présenter ses demandes, précède la postulation ; puis l'obsécration qui donne la hardiesse d'approcher de Dieu en montrant sa bonté, vient avant la prière.

QUÆSTIO LXXXIV.

DE EXTERIORIBUS ACTIBUS LATRIÆ; ET PRIMO DE
ADORATIONE, IN TRES ARTICULOS DIVISA.

Postea considerandum est de exterioribus
actibus latriæ.

Et 1° de adoratione, per quam aliquis suum
corpus ad Deum venerandum exhibet; 2° de
illis actibus quibus aliquid de rebus exterioribus Deo offertur; 3° de actibus quibus ea quæ
Dei sunt, assumuntur.

Circa primum quæruntur tria : 1° Utrùm adoratio sit actus latriæ. 2° Utrùm adoratio importet actum interiorem vel exteriorem. 3° Utrùm
adoratio requirat determinationem loci.

ARTICULUS I.

Utrùm adoratio sit actus latriæ sive religionis.

Ad primum sic proceditur. Videtur quòd
adoratio non sit actus latriæ sive religionis.
Cultus enim religionis soli Deo debetur. Sed
adoratio non debetur soli Deo; legitur enim
Genes., XVIII, quòd Deum venerandum adoravit angelos;
et III Reg., I, dicitur quòd Nathan propheta
« ingressus ad regem David, adoravit eum pronus in terram. » Ergo adoratio non est actus
religionis.

2° Præterea, religionis cultus debetur Deo
prout in ipso beatificamur, ut patet per Augustinum in X De civit. Dei (cap. 1). Sed adoratio
debetur ei ratione majestatis, quia super illud
Psalm. XCV : « Adorate Dominum in atrio
sancto ejus, » dicit Glossa : « De his atriis ve-

QUESTION LXXXIV.

DES ACTES EXTÉRIEURS DE RELIGION.

Après avoir parlé des actes intérieurs de religion,
nous devons nous occuper des actes extérieurs. —
Nous traiterons : 1° de l'adoration par laquelle on se
sert de son corps pour rendre à Dieu un culte; 2° des
actes par lesquels on offre à Dieu quelques-unes des
choses extérieures; 3° des actes par lesquels on fait
usage des choses de Dieu. — Sur l'adoration trois
questions se présentent : 1° L'adoration est-elle un
acte de latrie? — 2° L'adoration implique-t-elle un
acte intérieur ou extérieur? — 3° l'adoration exige-
t-elle un lieu déterminé ?

ARTICLE I.

L'adoration est-elle un acte de latrie ou de religion ?

1. Il semble que l'adoration ne soit pas un acte
de latrie ou de religion. Car le culte de latrie n'est
dû qu'à Dieu. Or, l'adoration n'est pas due seulement
à Dieu; puisqu'on lit (Gen. XVIII) qu'Abraham adora
les anges, et (III. Reg. I) que le prophète Nathan,
étant entré près du roi David, l'adora prosterné jusqu'à terre. L'adoration n'est donc pas un acte de
religion.

2. Le culte de latrie est dû à Dieu, parce que c'est
en lui que nous sommes béatifiés, comme le dit saint
Augustin (De civ. Dei, liv. x, cap. i). Or, l'adoration
lui est due en raison de sa majesté; car, au sujet de
ce passage des Psaumes (XXVIII) : Adorez le Seigneur
dans son saint parvis, la glose dit (ord. Cassiod. sup.

QUESTION LXXXIV.

DE L'ADORATION.

Nous allons parler des actes extérieurs de la religion ou du culte de latrie : premièrement, de l'acte
d'adoration par lequel on emploie son corps à la
vénération de Dieu; deuxièmement, des actes par lesquels on offre à Dieu les choses extérieures; puis
troisièmement, des actes par lesquels on prend à son
usage les choses de Dieu, soit dans le serment, soit
dans l'adjuration.

On demande trois choses sur l'adoration : 1° Est-
elle un acte de religion ou de latrie? 2° Implique-
t-elle des actes corporels? 3° Doit-elle s'accomplir
dans un lieu déterminé ?

ARTICLE I.

L'adoration est-elle un acte de religion ou de latrie?

Il paroît que l'adoration n'est pas un acte de religion ou de latrie. 1° Le culte que rend la religion
n'est dû qu'à Dieu. Or l'adoration n'est pas due seulement à Dieu; car nous lisons dans l'Écriture, Gen.,
XVIII, 2, qu'Abraham adora les anges; et III Rois, I,
que le prophète Nathan, « paroissant devant le roi
David, l'adora prosterné contre terre. » Donc l'adoration n'est pas un acte de religion.

2° Selon saint Augustin, De civ. Dei, X, 1, nous
devons à Dieu le culte religieux, parce qu'il est l'auteur de notre félicité. Or nous lui devons l'adoration
parce qu'il possède la majesté suprême; car la Glose,
commentant Ps. XCV, 9 : « Adorez le Seigneur dans
le parvis du tabernacle, » dit : « De ce parvis, on

Texte latin.	M. Drioux (vol. V, p. 272, 274).	M. Lachat (vol. X, p. 100-101).

nitur in atrium ubi majestas adoratur. » Ergo adoratio non est actus latriæ.

3. Præterea, unus religionis cultus tribus Personis debetur. Non autem una adoratione adoramus tres Personas, sed ad invocationem trium Personarum singulariter genua flectimus. Ergo adoratio non est actus latriæ.

Sed contra est, quod *Matth.*, IV, inducitur : « Dominum Deum tuum adorabis, et illi soli servies. »

(CONCLUSIO. — Adoratio qua Deus adoratur a nobis, religionis est actus).

Respondeo dicendum, quòd adoratio ordinatur in reverentiam ejus qui adoratur. Manifestum est autem ex dictis (qu. 81, art. 1), quòd religionis proprium est reverentiam Deo exhibere : unde adoratio qua Deus adoratur, est religionis actus.

(Illud Ps. xcv) : Du parvis on entre dans le sanctuaire où l'on adore la Majesté. L'adoration n'est donc pas un acte de latrie.

3. On doit aux trois personnes un seul et même culte de latrie. Cependant nous ne les adorons pas par une seule et même adoration ; mais nous fléchissons le genou à chaque fois que nous les invoquons. L'adoration n'est pas un acte de religion.

Mais c'est le *contraire*. L'Evangile dit (Matth. IV, 20) : *Vous adorerez le Seigneur votre Dieu et vous ne servirez que lui.*

CONCLUSION. — L'adoration par laquelle nous adorons Dieu est un acte de religion.

Il faut répondre que l'adoration a pour but de vénérer celui qui en est l'objet. Or, il est évident, d'après ce que nous avons dit (quest. LXXXI, art. 2 et 3), que le propre de la religion, c'est de témoigner à Dieu le respect qui lui est dû. Par conséquent l'adoration par laquelle on adore Dieu est un acte de religion.

---

entre dans le sanctuaire où l'on adore sa majesté. » Donc l'adoration n'est pas un acte de religion ou de latrie.

3° Nous devons honorer par un seul culte religieux les trois Personnes de la sainte Trinité. Or nous ne vénérons pas ces trois Personnes divines par une seule adoration, mais nous fléchissons le genou au nom de chacune. Donc l'adoration n'est pas un acte de la religion.

Mais il est écrit, *Matth.*, IV, 10 : « Tu adoreras le Seigneur ton Dieu et le serviras lui seul. »

(CONCLUSION. — L'adoration est un acte de la religion, puisqu'elle rend à Dieu le culte qui lui est dû).

L'adoration a pour but de révérer et d'honorer celui qui la reçoit. Or, comme nous l'avons vu dans une question précédente, le propre de la religion c'est d'honorer et de révérer Dieu : donc l'adoration rendue à Dieu est un acte de la religion.

SECONDE PARTIE DE LA SECONDE.
TRAITÉ DES VERTUS THÉOLOGALES.

◆ ARTICLE.

La mollesse est-elle opposée à la persévérance ? (Suite).

Texte latin.	M. Drioux (vol. V, p. 272, 274).	M. Lachat (vol. IX, p. 100-101).

Ad primum ergo dicendum, quòd prædicta mollities causatur dupliciter. Uno modo ex consuetudine ; cùm enim aliquis consuetus est

---

Il faut répondre au *premier* argument, que cette mollesse vient de deux causes. 1° De la coutume. Car quand on a la coutume de jouir des plaisirs, on

---

Je réponds aux arguments : 1° La mollesse peut avoir deux causes. Elle peut venir d'abord de l'habitude, par exemple des plaisirs, dont il est plus

Texte latin.	M. Drioux (vol. V, p. 273, 274).	M. Lachat (vol. X, p. 100-104).

voluptatibus frui, difficiliùs potest earum absentiam sustinere. Alio modo ex naturali dispositione, quia videlicet habet animum minùs constantem propter fragilitatem complexionis : et hoc modo comparantur fœminæ ad masculos, ut Philosophus dicit in VII Ethic. (ubi suprà). Et ideo illi qui muliebria patiuntur, *molles* dicuntur, quasi *muliebres effecti.*

Ad secundum dicendum, quòd voluptati corporali opponitur labor : et ideo res laboriosa tantùm impediunt voluptates. Deliciosi autem dicuntur qui non possunt sustinere aliquos labores, nec aliquid quod voluptatem diminuat; unde dicitur, *Deuter.,* XXVIII : « Tenera mulier et delicata quæ super terram ingredi non valebat, nec pedis vestigium figere propter mollitiem. » Et ideo « delicia mollities quædam est. » Sed mollities propriè respicit defectum delectationum, deliciæ autem causam impeditivam delectationis, putà laborem vel aliquid hujusmodi.

Ad tertium dicendum, quòd in ludo duo est considerare. Uno quidem modo delectationem; et sic inordinatè lusivus opponitur *eutrapeliæ.* Alio modo in ludo consideratur quædam remissio sive quies, quæ opponitur labori. Et ideo sicut non posse sustinere laboriosa pertinet ad mollitiem, ita etiam nimis appetere remissionem ludi, vel quamcumque aliam quietem.

peut plus difficilement en supporter la privation. 2° De la disposition de la nature, en ce sens que l'esprit est moins constant par suite de la débilité du tempérament. C'est là ce qui fait comparer ces hommes aux femmes, comme le dit Aristote (*Eth.* lib. VII, *loc. cit.*). C'est pourquoi ceux qui sont efféminés reçoivent le nom de *mous,* parce qu'ils sont devenus comme des femmes.

Il faut répondre au *second,* que le travail est opposé au plaisir du corps, et c'est pour cela que les choses laborieuses sont un si grand obstacle à la volupté. Ceux qui vivent dans les délices, ce sont ceux qui ne peuvent supporter le moindre travail, ni la moindre peine qui affaiblisse leurs plaisirs. D'où il est parlé (*Deut.* XXVIII, 56) : *de la femme délicate, accoutumée à une vie molle, qui ne pouvait pas seulement marcher et qui avait peine à poser un pied sur la terre à cause de son extrême mollesse.* C'est pourquoi les délices sont une espèce de mollesse. Mais la mollesse a pour objet propre le défaut de jouissances, tandis que les délices se rapportent à la cause qui empêche la délectation, comme le travail ou quelque autre motif semblable.

Il faut répondre au *troisième,* que dans le jeu il y a deux choses à considérer : 1° le plaisir, et sous ce rapport l'amour déréglé du jeu est opposé à la bonne humeur. 2° Il y a le délassement ou le repos qui est opposé au travail. C'est pourquoi comme il appartient à la mollesse de ne pouvoir pas supporter le travail, de même elle nous porte à trop rechercher les délassements du jeu ou tout autre repos.

difficile de se priver quand on en a joui longtemps. Elle peut venir encore d'une disposition naturelle, comme d'une foiblesse de tempérament. Et, sous ce rapport, on compare les hommes mous à des femmes, parce qu'ils n'ont pas plus de forces qu'elles.

2° La peine est l'opposé du plaisir corporel; aussi le travail est-il un obstacle pour les plaisirs. Or les gens qui aiment les délices ne peuvent supporter aucune peine, ni rien de ce qui diminue le plaisir; c'est pourquoi la sainte Écriture, *Deut.,* XXVIII, dit que « la femme tendre et délicate ne pouvoit marcher ni imprimer sur la terre la marque de son pied à cause de sa mollesse. » Et c'est pourquoi l'amour des délices est une espèce de mollesse. Cependant celle-ci s'afflige principalement de la privation des plaisirs, tandis que l'autre ne peut souffrir ce qui les empêche ou les trouble, comme le travail ou toute autre peine.

3° Il faut considérer deux choses dans le jeu : le plaisir d'abord, qui, quand il est déréglé, est opposé à l'*eutrapélie,* puis le délassement ou le repos, qui est le contraire du travail. C'est pourquoi on est un homme mou, non-seulement lorsqu'on ne peut supporter la peine, mais encore lorsqu'on recherche trop les délassements ou le repos.

Texte latin.   M. Défoux (vol. V, p. 478, 474)   M. Lachat (vol. X, p. 100-104).

ARTICULUS II.

Utrùm perseverantia opponatur pertinacia.

Ad secundum sic proceditur. Videtur quòd pertinacia non opponatur perseverantiæ. Dicit enim Gregorius, XXXI. *Moral.*, quòd « pertinacia oritur ex inani gloria. » Sed inanis gloria non opponitur perseverantiæ, sed magis magnanimitati, ut suprà dictum est (qu. **122**, art. **2**). Ergo partinacia non opponitur perseverantiæ.

2. Præterea, si opponitur perseverantiæ, aut opponitur ei per excessum, aut per defectum. Sed non opponitur ei per excessum, quia etiam pertinax cedit alicui delectationi et tristitiæ ; quia, ut dicit Philosophus in VII. *Ethic.* « gaudent vincentes, et tristantur si sententiæ eorum infirmæ appareant. » Si autem per defectum, erit idem quod mollities ; quod patet esse falsum. Nullo ergo modo pertinacia opponitur perseverantiæ.

3. Præterea, sicut perseverans persistit in bono contra tristitias, ita continens et temperatus contra delectationes, et fortis contra timores, et mansuetus contra iras. Sed pertinax dicitur aliquis ex eo quòd nimis in aliquo persistit. Ergo pertinacia non magis opponitur perseverantiæ quàm aliis virtutibus.

Sed contra est, quod Tullius dicit in sua *Rhetoricâ*, quòd ita se habet pertinacia ad perseverantiam, sicut superstitio ad religionem. Sed superstitio opponitur religioni, ut suprà dictum est (qu. **92**, art. **1**). Ergo et perseverantiæ.

ARTICLE II.

L'opiniâtreté est-elle opposée à la persévérance ?

1. Il semble que l'opiniâtreté ne soit pas opposée à la persévérance. Car saint Grégoire dit (*Mor*, lib. XXXI, cap. 17) que l'opiniâtreté vient de la vaine gloire. Or la vaine gloire n'est pas opposée à la persévérance, mais elle l'est plutôt à la magnanimité, comme nous l'avons dit (quest. CXXXII, art. 2). L'opiniâtreté n'est donc pas opposée à la persévérance.

2. Si l'opiniâtreté est opposée à la persévérance, c'est par excès ou par défaut. Or, ce n'est pas par excès, parce que l'opiniâtre cède encore à certaine délectation et à certain chagrin ; car, comme le dit Aristote (*Eth.*, lib. VII, cap. 9), on a du plaisir à vaincre, mais on a de la peine quand les résolutions qu'on a prises paraissent sans effet. Si c'est par défaut, elle sera la même chose que la mollesse ; ce qui est évidemment faux. l'opiniâtreté n'est donc opposée à la persévérance d'aucune manière.

3. Comme celui qui persévère persiste dans le bien malgré les afflictions ; de même celui qui est continent et tempérant le fait malgré les plaisirs ; celui qui est fort malgré les craintes ; celui qui est doux malgré la colère. Or, on dit que quelqu'un est opiniâtre, parce qu'il persiste trop dans une chose. L'opiniâtreté n'est donc pas plus opposée à la persévérance que les autres vertus.

Mais c'est le contraire. Cicéron dit (*De invent.* lib. II) que l'opiniâtreté est à la persévérance ce que la superstition est à la religion. Or la superstition est opposée à la religion, comme nous l'avons dit (quest. XCII, art. 1). L'opiniâtreté l'est donc aussi à la persévérance.

ARTICLE II.

L'opiniâtreté est-elle opposée à la persévérance ?

Il paroît que l'opiniâtreté n'est pas opposée à la persévérance 1° Selon saint Grégoire XXXI. *Moral.*, « l'opiniâtreté naît de la vaine gloire. » Or la vaine gloire n'est pas opposée à la persévérance, mais à la magnanimité. Donc l'opiniâtreté n'est pas non plus contraire à la persévérance.

2° L'opiniâtreté ne sauroit être opposée à la persévérance que par excès ou par défaut. Ce n'est pas par excès, puisque l'homme opiniâtre cède aussi à la joie et à la tristesse, suivant cette parole du Philosophe, *Ethic.*, VII : « Il se réjouit quand il l'emporte, il s'attriste si l'on ne se rend pas à son sentiment. » Ce n'est pas non plus par défaut ; car l'opiniâtreté seroit alors la même chose que la mollesse, ce qui est évidemment faux. Donc l'opiniâtreté n'est aucunement opposée à la persévérance.

3° L'homme persévérant persiste dans le bien malgré la tristesse, comme le continent malgré les plaisirs, le courageux malgré la crainte, et l'homme doux malgré la colère. Or l'homme opiniâtre est celui qui persiste trop dans quelque chose. Donc l'opiniâtreté n'est pas plus opposée à la persévérance qu'aux autres vertus.

Mais Cicéron dit, *De Rhet. invent.*, II, 3, que l'opiniâtreté est à la persévérance ce que la superstition est à la religion. Or la superstition est opposée à la religion, comme nous l'avons montré, quest. XCII, art. 1. Donc l'opiniâtreté est également opposée à la persévérance.

(Conclusio. — Pertinacia opponitur perseverantiæ).

Respondeo dicendum, quòd sicut Isidorus dicit in lib. *Etym.* (vel *Originum*, lib. X, cap. 11), « pertinax dicitur aliquis qui est imprudenter tenax, et quasi omnino tenens. » Et hìc idem dicitur « pervicax » eo quòd in proposito suo ad victoriam perseverat. Antiqui enim dicebant *viciam*, quam nos victoriam. » Et Philosophus vocat in VII. *Ethic.*, *ischyrognomones*, id est, *fortis sententiæ*; vel *idiognomones*, id est *propriæ sententiæ*; quia scilicet perseverant in propria sententia plus quàm oportet : *Mollis* autem minùs quàm oportet; *perseverans* autem secundùm quòd oportet. Unde patet quòd perseverantia laudatur sicut in medio existens; *pertinax* autem vituperatur secundùm excessum medii; *mollis* autem secundùm defectum.

Ad primum ergo dicendum, quòd ideo aliquis nimis persistit in propria sententia, quia per hoc vult suam excellentiam manifestare : et ideo oritur ex inani gloria, sicut ex causa ; dictum est autem supra quòd « oppositio vitiorum ad virtutes non attenditur secundùm causam, sed secundùm propriam speciem. »

Ad secundum dicendum, quòd pertinax excedit quidem in hoc quòd inordinatè persistit in aliquo contra multas difficultates; habet tamen aliquem delectationem in fine, sicut et fortis, et etiam perseverans. Quia tamen illa

CONCLUSION. — L'opiniâtreté est opposée à la persévérance.

Il faut répondre que, comme le dit saint Isidore (*Etym.* lib. x ad litt. P), on appelle opiniâtre celui qui soutient une chose impudemment et qui est tenace pour tout. On lui donnait aussi le nom de *pervicax*, parce qu'il persévère dans son sentiment jusqu'à ce qu'il soit victorieux, car les anciens désignaient la victoire sous le nom de *vicia*. Aristote donne aux opiniâtres (*Eth.* lib. vii, cap. 9) les noms d'entêtés (ἰσχυρογνώμονες), d'hommes à idées propres (ἰδιογνώμονες) parce qu'ils persévèrent dans leur propre sentiment plus qu'il ne faut. Ceux qui sont mous n'y tiennent pas assez, au lieu que celui qui persévère y tient autant qu'il faut. D'où il est évident que la persévérance est louée, comme occupant le milieu, tandis que l'opiniâtreté pèche par excès et la mollesse par défaut.

Il faut répondre au *premier* argument, qu'un individu persiste trop dans son propre sentiment, parce qu'il veut par là montrer sa supériorité, et c'est pour cela que l'opiniâtreté vient de la vaine gloire comme de sa cause. Or, nous avons dit (quest. cxxvi, art. 2 ad 1, et quest. cxxiii, art. 2) que l'opposition des vices aux vertus ne se considère pas d'après leur cause, mais d'après leur espèce propre.

Il faut répondre au *second*, que l'opiniâtre pèche par excès en ce qu'il persiste déréglément dans son sentiment malgré toutes les difficultés qu'on lui oppose. Néanmoins il trouve du plaisir dans sa fin, comme celui qui est fort et persévérant. Mais comme

(Conclusion. — L'opiniâtreté est contraire à la persévérance.)

Selon saint Isidore, *Etym.*, X, 11, « on appelle opiniâtre celui qui tient à son sentiment imprudemment et au delà des bornes. » On l'appelle aussi entêté, parce qu'il persévère dans son sentiment jusqu'à ce qu'il l'emporte. Le Philosophe lui donne également plusieurs noms qui indiquent la persistance dans son opinion, parce qu'il y persévère plus qu'il ne faut. L'homme mou, au contraire, n'y persiste pas autant qu'il le faudroit, tandis que l'homme persévérant y persiste dans de justes bornes. La persévérance est donc une vertu parce qu'elle se tient dans un milieu raisonnable; l'opiniâtreté et la mollesse, au contraire, sont des vices parce que l'une dépasse les bornes, et que l'autre ne va pas assez loin.

Je réponds aux arguments : 1° On n'est opiniâtre dans son sentiment que pour montrer sa supériorité : c'est pourquoi l'opiniâtreté sort de la vaine gloire comme de sa cause. Mais nous avons dit plus haut que l'opposition du vice à la vertu se prend de l'espèce, et non de la cause.

2° L'homme opiniâtre, qui se roidit contre les difficultés, a cependant quelque plaisir s'il finit par l'emporter, aussi bien que l'homme fort et l'homme persévérant. Cependant ce plaisir est vicieux, parce qu'il désire trop la victoire, et qu'il redoute trop

Colonne 1

delectatio est vitiosa, ex eo quòd nimis eam appetit, et contrariam tristitiam fugit, assimilatur incontinenti vel molli.

Ad tertium dicendum, quòd aliæ virtutes, et si persistant contra impetus passionum, non tamen propriè laus earum est ex persistendo, sicut laus perseverantiæ. Laus verò continentiæ magis videtur ex vincendo delectationes. Et ideo pertinacia directè opponitur perseverantiæ.

QUÆSTIO CXXXIX.

DE DONO FORTITUDINIS, IN DUOS ARTICULOS DIVISA.

Deinde considerandum est de dono quod respondet fortitudini, quod est fortudinis donum.

Et circa hoc quæruntur duo : 1° Utrùm fortitudo sit donum. 2° Quid respondeat ei in beatitudinibus, et fructibus.

ARTICULUS I.

Utrùm fortitudo sit donum.

Ad primum sic proceditur. Videtur quòd fortitudo non sit donum. Virtutes enim à donis differunt. Sed fortitudo est virtus. Ergo non debet poni donum.

Præterea, actus donorum manent in patria, ut suprà habitum est (I, 2, qu. 68, art. 6). Sed actus fortitudinis non manet in patria : dicit enim Gregorius in 1. Moral., quòd fortitudo dat fiduciam trepidanti contra adversa; quæ nulla erunt in patria. Ergo fortitudo non est donum.

Colonne 2

ce plaisir est vicieux, parce qu'il le recherche trop et qu'il fuit la tristesse opposée, l'opiniâtre est assimilé à celui qui est incontinent ou mou.

Il faut répondre au *troisième*, que quoique les autres vertus persistent contre le choc des passions, leur mérite ne provient pas de leur persistance même, comme celui de la persévérance. Ainsi celui de la continence paraît venir surtout de ce qu'on triomphe des délectations. C'est pourquoi l'opiniâtreté est directement contraire à la persévérance.

QUESTION CXXXIX.

DU DON DE FORCE.

Nous avons à examiner le don qui répond à la force et qui porte le même nom. — A cet égard deux questions se présentent : 1° La force est-elle un don ? — 2° Quelle est la béatitude et quels sont les fruits qui lui correspondent ?

ARTICLE I.

La force est-elle un don ?

1. Il semble que la force ne soit pas un don. Car les vertus diffèrent des dons. Or, la force est une vertu; on ne doit donc pas en faire un don.

2. Les actes des dons demeurent dans le ciel, comme nous l'avons vu (1° 2°, quest. LXVIII, art. 6). Or, l'acte de la force n'y subsiste pas : car saint Grégoire dit (Mor. liber I, cap. 15) que la force donne confiance à celui qui redoute l'adversité, et l'adversité n'existe pas dans le ciel. La force n'est donc pas un don.

Colonne 3

également la honte d'une défaite; et sous ce rapport on peut le comparer à l'homme mou qui redoute aussi la tristesse.

3° Toutes les vertus résistent aux assauts des passions, mais cette persistance n'est pas leur mérite propre, comme elle l'est de la persévérance; d'un autre côté, le mérite de la continence vient surtout de la victoire qu'elle remporte sur les plaisirs. L'opiniâtreté est donc directement opposée à la persévérance.

QUESTION CXXXIX.

DU DON DE FORCE.

Il faut traiter ensuite du don qui correspond à la force, c'est-à-dire du don de force.

Sur ce sujet deux questions se présentent : 1° La force est-elle un don ? 2° A quoi répond-elle parmi les béatitudes et les fruits ?

ARTICLE I.

La force est-elle un don ?

Il paroît que la force n'est pas un don. 1° Les vertus sont différentes des dons. Or la force est une vertu. Donc elle ne doit pas être comptée parmi les dons.

2° Les actes des dons restent dans la patrie, comme nous l'avons montré, I, II, quest. LXVIII, art. 6. Or les actes de la force ne peuvent pas s'exercer dans le ciel. Car, selon saint Grégoire, I. Moral., « la force est ce qui nous donne la confiance dans le péril. » Et comme il n'y a pas de péril dans la patrie, il s'ensuit que la force n'est pas un don.

2. Præterea, Augustinus dicit in II. *De Doct. Christ.*, quòd « fortitudinis est ab omni transeuntium mortiferâ jucunditate seipsum sequestrare. » Sed circa noxias jucunditates seu delectationes magis consistit temperantia quàm fortitudo. Ergo videtur quòd fortitudo non sit donum respondens virtuti fortitudinis.

Sed contra est, quòd *Isai.*, XI, fortitudo inter alia dona Spiritûs sancti computatur.

(Conclusio. — Fortitudo quâ homo persistit in quocumque inchoato opere bono usque ad vitæ finem, et quævis pericula imminentia evadit, donum est Spiritus sancti.)

Respondeo dicendum, quòd fortitudo importat quamdam animi firmitatem, ut suprà dictum est (qu. 123, art. 2). Et hæc quidem firmitas animi requiritur, et in bonis faciendis, et in malis perferendis; et præcipuè in arduis bonis vel malis. Homo autem secundùm proprium et connaturale sibi bonum hanc firmitatem in utroque potest habere, ut non deficiat à bono propter difficultatem, vel alicujus ardui operis implendi, vel alicujus gravis mali perferendi : et secundùm hoc fortitudo ponitur virtus, specialis, vel generalis, ut suprà dictum est (qu. 123, art. 12). Sed ulterius à Spiritu sancto movetur animus hominis ad hoc quòd perveniat ad finem cujuslibet operis inchoati, et evadat quæcumque pericula imminentia, quod quidem excedit naturam humanam. Quandoque enim non subest potestati hominis, ut con-

---

3. Saint Augustin dit (*De doct. Christ.* lib. 11, cap. 7) qu'il appartient à la force de nous éloigner absolument de toutes les jouissances mortelles qu'offrent les choses qui passent. Or, les jouissances nuisibles ou les plaisirs coupables sont plutôt l'objet de la tempérance que de la force. Il semble donc que la force ne soit pas un don qui réponde à la vertu du même nom.

Mais c'est le *contraire*. Le prophète (Is. xi) met la force au nombre des autres dons de l'Esprit-Saint.

CONCLUSION. — La force par laquelle l'homme persiste jusqu'à la fin de sa vie dans une bonne œuvre commencée et par laquelle il surmonte tous les périls qui le menacent, est un don de l'Esprit-Saint.

Il faut répondre que la force implique une certaine fermeté d'esprit, comme nous l'avons dit (quest. cxxiii, art. 2, et 1ª 2ªᵉ, quest. lxi, art. 3). Cette fermeté d'esprit est requise pour faire le bien et pour supporter le mal, surtout quand il s'agit de biens ou de maux qui sont ardus. Or, l'homme peut avoir, selon le mode qui lui est propre et naturel, cette fermeté sous ces deux rapports, de manière qu'il n'abandonne pas le bien à cause de la difficulté qu'il trouve soit à exécuter quelque œuvre difficile, soit à supporter quelque peine grave. C'est ainsi que la force est une vertu, générale ou spéciale, comme nous l'avons dit (quest. cxxiii, art. 2). Mais en outre l'Esprit-Saint meut le cœur de l'homme pour qu'il parvienne à achever toutes les œuvres qu'il commence et qu'il échappe à tous les périls qui le menacent; ce qui est au-dessus de la nature humaine. Car quelquefois il n'est pas au pouvoir de

---

3° D'après saint Augustin, II, *De doctrin. Christ.*, « le propre de la force est de se priver des plaisirs mortels et passagers. » Or ceci appartient à la tempérance bien plus qu'à la force. Donc la force n'a pas un don qui lui corresponde.

Mais Isaïe, XI, compte la force parmi les autres dons du Saint-Esprit.

(Conclusion. — La force par laquelle un homme persiste jusqu'à la fin de sa vie dans le bien qu'il a commencé, et évite tous les périls qui le menacent, est un don du Saint-Esprit.)

La force implique une certaine fermeté d'âme, comme nous l'avons dit, quest. CXXIII, art. 2. Cette fermeté est nécessaire pour faire le bien et pour supporter le mal, principalement dans ce qu'il y a de difficile en chacun d'eux. Or l'homme peut avoir naturellement assez de fermeté pour supporter le mal, ou pour persévérer dans le bien malgré les obstacles, ou enfin pour accomplir quelque œuvre difficile; et sous ce rapport, la force est une vertu spéciale ou générale. Mais quant à ce qui est de parvenir à la fin d'un œuvre que l'on entreprend, et d'éviter tous les périls qui nous menacent, cela dépasse les forces de la nature humaine, et il y faut l'assistance du Saint-Esprit. Car il n'est pas toujours au pouvoir de l'homme d'atteindre la fin qu'il se propose, ou d'éviter les dangers qui sont quelquefois mortels. Et voilà ce que fait l'Esprit-Saint dans l'homme, en le conduisant à la vie éternelle,

M. Drioux (vol. V, p. 580, 582).

M. Lachat (vol. X, p. 440, 444).

Texte latin.

seqoatur finem sui operis, vel evadat mala seu pericula; cùm quandoque opprimatur ab eis in morte. Sed hoc operatur Spiritus sanctus in homine; cùm perducit eum ad vitam æternam, quæ est finis omnium bonorum operum, et evasio omnium periculorum. Et hujus rei infundit quamdam fiduciam menti Spiritus sacietis, contrarium timorem excludens. Et secundùm hoc, fortitudo donum Spiritus sancti ponitur dictum est enim supek (1, 2, qu. 68, art. 2), quòd dona respiciunt motionem animæ à Spiritu sancto.

« Texte latin.

ARTICULUS VIII.

Utrùm presbyteri curati et archidiaconi sint majoris perfectionis quam religiosi ? (Continuatio.)

Ad primum ergo dicendum, quòd ad illas auctoritates Chrysostomi breviter responderi posset, quòd non loquitur de sacerdote curato minoris ordinis, sed de episcopo, qui dicitur summus sacerdos. Et hoc convenit intentioni illius libri, in quo consolatur se et Basilium de hoc quòd erant in episcopos electi. Sed hoc prætermisso dicendum est quòd loquitur quantum ad difficultatem. Præmittit enim : « Cum fuerit gubernator in mediis fluctibus, et de tempestate navem liberare potuerit, tunc meritò testimonium perfecti gubernatoris ab omnibus promeretur.» Et post concludit quòd suprà po-

M. Drioux (vol. V, p. 580, 582).

l'homme de mener son œuvre à sa fin, ou d'échapper aux maux et aux périls, puisqu'ils sont quelquefois pour lui des causes de mort; mais le Saint-Esprit opère en lui cet effet, puisqu'il le mène à la vie éternelle qui est la fin de toutes les bonnes œuvres et le terme de tous les dangers. Il communique à cet égard une certaine confiance à l'âme, il en bannit la crainte contraire, et c'est ainsi que la force est un de ses dons. Car nous avons vu ((1re 2e. quest. LXVIII, art. 1 et 2) que les dons se rapportent à l'impulsion que l'âme reçoit de l'Esprit-Saint.

SECONDE DE LA SECONDE
TRAITÉ DE L'ÉTAT DE PERFECTION.

M. Drioux (vol. V, p. 580, 582).

ARTICLE VIII.

Les curés et les archidiacres sont-ils d'une perfection plus grande que les religieux? (Suite.)

Il faut répondre au *premier* argument, que l'on pourrait répondre à ces passages de saint Chrysostome en disant qu'il ne parle pas là du curé qui est d'un ordre inférieur, mais de l'évêque, que l'on appelle le prêtre souverain, et c'est ce qui se trouve conforme au but de son ouvrage, dans lequel il se console, et il console saint Basile de ce qu'ils ont été promus à l'épiscopat. Mais laissant de côté cette réponse, on doit dire qu'il s'exprime ainsi relativement à la difficulté. Car il dit auparavant (cap. 6) que le pilote qui est au milieu des flots, et qui peut sauver son navire de la tempête, mérite alors de tout le monde un témoignage d'habileté. Puis il conclut par

M. Lachat (vol. X, p. 440, 444).

qui est la fin de toutes les œuvres, et où le danger n'a plus d'empire. C'est pour cela que l'Esprit-Saint répand dans l'âme une confiance qui exclut toute crainte : et sous ce rapport la force est un don du Saint-Esprit, car les dons ont pour objet la direction de l'âme par l'Esprit-Saint.

M. Lachat (vol. X., p. 441-444).

ARTICLE VIII.

Les prêtres ayant charge d'âmes et les archidiacres sont-ils dans un plus haut état de perfection que les religieux? (Suite.)

Je réponds aux arguments: 1° Il est aisé de répondre brièvement à ces différents textes de saint Jean Chrysostome, en disant que ce Père ne parle pas du simple prêtre ayant charge d'âmes, mais bien de l'évêque, qu'on peut désigner sous le nom de souverain prêtre; et cette explication s'accorde avec le but même du livre, puisque l'auteur s'y propose de se consoler lui-même et de consoler Basile de ce qu'ils ont été faits évêques. Mais, après cette observation préalable, disons que le saint docteur parle ici de la difficulté des deux états. Il avoit déjà dit : « Quand un pilote se sera trouvé au milieu des flots irrités et qu'il aura sauvé son vaisseau de la tempête,

| |

situm est de monacho, « qui non comparandus est illi qui traditus populis, immobilis perseverat; » et subdit causam : « Quia sicut in tranquillitate, ita in tempestate gubernavit seipsum. » Ex quo nihil aliud ostendi potest, nisi quòd periculosior est status habentis curam animarum, quàm monachi; in majori autem periculo innocentem se servare est majoris virtutis indicium. Sed hoc etiam ad magnitudinem virtutis pertinet quòd aliquis vitet pericula, religionem intrando; unde non dicit quòd « mallet esse in officio sacerdotali quàm in solitudine monachorum, » sed quòd « mallet placere in hoc quàm in illo; » quia in hoc est majoris virtutis argumentum.

les paroles que nous avons rapportées (in arg.) au sujet du moine, c'est qu'il n'est pas comparable à celui qui, livré au peuple, reste immobile au milieu de tous les périls. Et il en donne la cause: c'est que l'on se gouverne au sein de la tranquillité et l'autre au milieu de la tempête. Ce qui ne prouve qu'une chose, c'est que l'état de celui qui a charge d'âmes est plus dangereux que celui du moine; car, quand on se conserve intact dans un plus grand danger, c'est la marque d'un plus grand courage. Mais il y a aussi de la grandeur d'âme à se soustraire aux périls en entrant en religion; c'est pourquoi il ne dit pas qu'il aimerait mieux remplir l'office du prêtre que d'être dans la solitude du moine, mais qu'il aimerait mieux être agréable à Dieu dans le premier cas que dans le second, parce que c'est la preuve d'une plus grande vertu.

tous lui décerneront à bon droit le titre de pilote parfait. » Puis vient ce que nous avons vu dans l'argument au sujet du religieux, « qui, persévérant immobile dans son état, ne doit nullement être comparé à celui dont l'existence est livrée aux flots populaires; » il en donne aussitôt la raison : « car celui-là sa se dirige dans la tempête, aussi bien que dans le calme. » Comme on le voit, il ne résulte rien de là si ce n'est que l'état de celui qui a charge d'âmes est entouré de plus de dangers que l'état religieux; et c'est le signe d'une plus haute vertu que de se maintenir hors d'atteinte dans un danger plus grand. Mais une chose qui dénote également la grandeur de la vertu, c'est qu'on se réfugie dans l'état religieux pour échapper aux dangers du monde; aussi le grand évêque ne dit-il pas simplement : « J'aimerais mieux exercer l'office sacerdotal que vivre dans la vie monastique; » mais bien : « J'aimerais mieux me rendre agréable à Dieu dans cet état que dans celui-ci, » par la raison que ce seroit là une plus grande preuve de vertu.

Ad secundum dicendum, quòd etiam illa auctoritas Augustini manifestè loquitur quantum ad difficultatem, quæ ostendit magnitudinem virtutis in his qui benè conversantur, sicut dictum est (ad 1).

Il faut répondre au *second*, que ce passage de saint Augustin se rapporte évidemment à la difficulté qui montre la grandeur de la vertu dans ceux qui se conduisent bien, comme nous l'avons dit (in solut. præc.).

2° Ce texte de saint Augustin parle encore évidemment de la difficulté; car plus elle est grande, plus elle fait éclater la vertu dans ceux qui gardent une vie pure, comme nous venons de le dire.

Ad tertium dicendum, quòd Augustinus ibi comparat monachos clericis, quantum ad distantiam ordinis, non quantum ad distantiam religionis et saecularis vitae.

Il faut répondre au *troisième*, que saint Augustin compare en cet endroit les moines aux clercs sous le rapport de l'ordre, mais non sous le rapport de l'état religieux et de la vie séculière.

3° En cet endroit saint Augustin compare les moines et les clercs sous le rapport de l'ordre, et non sous celui des états.

Ad quartum dicendum quòd illi qui à statu religionis assumuntur ad curam animarum, cùm priùs essent in sacris ordinibus constituti, assequuntur aliquid quod priùs non habebant,

Il faut répondre au *quatrième*, que ceux qui sont élevés de l'état religieux à la charge des âmes, et qui étaient auparavant dans les ordres sacrés, reçoivent quelque chose qu'ils n'avaient pas auparavant, l'office

4° Ceux qui sont choisis dans l'état religieux pour être investis d'un emploi qui emporte charge d'âmes, étant déjà constitués dans les ordres sacrés, acquièrent une chose qu'ils ne possédoient pas en-

scilicet officium curæ. Non autem deponunt quod prius habebant, scilicet religionis statum; dicitur enim in *Decretis*, XVI (1), qu. 1, de monachis, « qui diu morantes in monasteriis, si postea ad clericatûs ordinem pervenerint, statuimus non debere eos à priori proposito discedere. » Sed presbyteri curati vel archidiaconi, quando religione ingrediuntur, curam deponunt, ut adipiscantur perfectiorem statum. Unde ex hoc ipso excellentia ex parte religionis ostenditur. In hoc autem quòd religiosi laici assumuntur in clericatum et ad sacros ordines, manifestè promoventur ad melius, sicut suprà dictum est; et hoc ostenditur ex ipso modo loquendi, cum Hieronymus dicit : « Sic in monasterio vive, ut clericus esse merearis. »

Ad quintum dicendum, quòd presbyteri curati et archidiaconi sunt similiores episcopis quàm religiosi, quantum ad aliquid, scilicet quantum ad curam animarum, quam secundariò habent; sed quantum ad perpetuam obligationem quæ requiritur ad statum perfectionis, similiores sunt episcopo religiosi, ut ex suprà dictis patet (art. 5 et 6).

Ad sextum dicendum, quòd difficultas quæ est ex arduitate operis addit ad perfectionem virtutis; difficultas autem quæ provenit ex exterioribus impedimentis quandoque quidem diminuit perfectionem virtutis, putà cùm aliquis non tantùm virtutem amat ut impedimenta virtutis declinare velit, secundùm illud

du soin des âmes; mais ils ne quittent pas ce qu'ils avaient, l'état religieux. Car il est dit (*Decret.* XVI, quest. 1, cap. 3) : A l'égard des moines qui sont depuis longtemps dans les monastères, s'ils parviennent ensuite à l'ordre ecclésiastique, nous décidons qu'ils ne doivent pas s'écarter de leur premier dessein. Au contraire, les curés ou les archidiacres, quand ils entrent en religion, quittent la charge d'âmes qu'ils avaient, pour embrasser un état plus parfait. C'est ce qui démontre une supériorité de la part de l'état religieux. Mais quand les religieux sont élevés à la cléricature et qu'ils reçoivent les ordres sacrés, ils sont évidemment promus à un rang supérieur, comme nous l'avons dit (in arg. 4). Et c'est ce que prouve la manière dont s'exprime saint Jérôme, quand il dit : Vivez dans le monastère de telle sorte que vous méritiez d'être clerc.

Il faut répondre au *cinquième*, que les curés et les archidiacres ressemblent plus aux évêques que les religieux sous un rapport, c'est-à-dire relativement à la charge des âmes, qui pèse sur eux secondairement; mais à l'égard de la perpétuité de l'engagement qui est nécessaire à l'état de perfection, les religieux ressemblent davantage à l'évêque, comme on le voit d'après ce que nous avons dit (art. 5 et 6 huj. quæst.).

Il faut répondre au *sixième*, que la difficulté qui résulte de la nature même de l'œuvre ajoute à la perfection de la vertu, au lieu que la difficulté qui provient des obstacles extérieurs la diminue quelquefois, comme quand quelqu'un n'aime pas assez la vertu pour vouloir éviter tout ce qui est pour elle une entrave, d'après ces paroles de l'Apôtre

cure, à savoir cette charge et cet emploi. Mais ils ne perdent pas ce qu'ils possédoient, c'est-à-dire, leur état religieux; car il est dit *Decret.*, *Causa*, XVI, quæst. 1 : « Les moines qui, après avoir longtemps vécu dans les monastères, sont élevés plus tard à l'ordre ecclésiastique, ne doivent nullement renoncer à leur premier état. » Or les prêtres ayant charge d'ames et les archidiacres, quand ils entrent en religion, se dépouillent de cette charge afin de s'élever à un état plus parfait. Et cela nous montre clairement l'excellence respective de l'état religieux. Mais quand de simples religieux sont promus aux ordres sacrés, ils montent évidemment à quelque chose de plus parfait, comme nous venons de le dire, et comme le montre d'ailleurs la parole de saint Jérôme : « Vivez dans le monastère de telle sorte que vous soyez jugé digne d'être prêtre. »

5° Les curés et les archidiacres, sous un rapport, ressemblent plus aux évêques que les religieux; ils ont comme eux charge d'ames, avons-nous dit, quoique d'une manière seulement secondaire; mais, sous un autre rapport, sous le rapport de l'obligation perpétuelle requise pour l'état de perfection, ce sont les religieux qui ressemblent davantage aux évêques; comme cela résulte clairement de tout ce que nous venons de dire.

6° La difficulté inhérente à l'œuvre ajoute, il est vrai, à la perfection de la vertu; mais la difficulté provenant des obstacles extérieurs diminue bien souvent cette même perfection, ce qui a lieu évidemment quand un homme n'aime pas assez la vertu pour éviter les obstacles qui s'élèvent contre elle, conformément à cette parole de l'Apôtre, I. *Cor.*

Texte latin. | **M. Drioux** (vol. V, p. 599, 585). | **M. Lachat** (vol. XI, p. 410-414).

Apostoli, I. ad Cor., IX : « Omnis qui in agone contendit, ab omnibus se abstinet. » Quandoque verò est signum perfectionis virtutis, putà cùm alicui ex inopinato vel ex necessariâ causâ impedimenta virtutis occurrunt, propter quæ tamen à virtute non declinat, in statu autem religionis est major difficultas ex arduitate operum. Sed in his qui in sæculo vivunt quandoquè, est major difficultas ex impedimentis virtutis, quæ religiosi per omnia providè vitaverunt.

QUÆSTIO CLXXXV.

DE PERTINENTIBUS AD STATUM EPISCOPORUM, IN OCTO ARTICULOS DIVISA.

Deinde considerandum est de his quæ pertinent ad statum episcoporum.

Et circa hoc quæruntur octo : 1° Utrùm liceat episcopatum appetere. 2° Utrùm liceat episcopatum finaliter recusare. 3° Utrùm oporteat ad episcopatum eligere meliorem. 4° Utrùm episcopus possit ad religionem transire. 5° Utrùm liceat ei corporaliter subditos suos deserere. 6° Utrùm possit habere proprium. 7° Utrùm peccet mortaliter bona ecclesiastica pauperibus non erogando. 8° Utrùm religiosi qui ad episcopatum assumuntur, teneantur ad observantias regulares.

ARTICULUS I.

Utrùm liceat episcopatum appetere.

Ad primum sic proceditur. Videtur quòd liceat episcopatum appetere. Dicit enim Apostolus, I. ad Timoth., III : « Qui episcopatum de-

---

(I. Cor., IX, 25 : *Celui qui lutte dans l'arène s'abstient de tout.* D'autres fois c'est la marque d'une vertu plus parfaite, comme quand quelqu'un rencontre inopinément, ou par suite de la nécessité, des obstacles, et que cependant il ne s'éloigne pas de la vertu pour ce motif. Or, dans l'état religieux, la difficulté est plus grande du côté des actions que l'on doit faire ; mais pour ceux qui vivent dans le siècle, elle est plus grave du côté des obstacles auxquels les religieux se sont soustraits par la résolution qu'ils ont prise.

QUESTION CLXXXV.

DE CE QUI APPARTIENT A L'ÉTAT DES ÉVÊQUES.

Nous avons ensuite à considérer ce qui regarde l'état des évêques. — A ce sujet huit questions se présentent : 1° Est-il permis de désirer l'épiscopat ? — 2° Est-il permis de le refuser finalement ? — 3° Faut-il choisir pour évêque celui qui est le meilleur ? — 4° Un évêque peut-il se faire religieux ? — 5° Lui est-il permis d'abandonner corporellement ses diocésains ? — 6° Peut-il posséder quelque chose en propre ? — 7° Pèche-t-il mortellement en ne donnant pas aux pauvres les biens ecclésiastiques ? — 8° Les religieux qui sont élevés à l'épiscopat sont-ils tenus d'observer leurs règles ?

ARTICLE I.

Est-il permis de désirer l'épiscopat ?

1. Il semble qu'il soit permis de désirer l'épiscopat. Car l'Apôtre dit (I Tim., III, 1) : *Celui qui désire l'épiscopat désire une excellente chose.* Or, on dé-

---

rinthe, IX, 25 : « Quiconque doit lutter dans l'arène s'abstient de tout. » Parfois aussi c'est là le signe d'une vertu plus parfaite, ce que l'on voit quand un homme se trouve inopinément ou pour des causes légitimes aux prises avec de tels obstacles, sans se laisser détourner de la vertu. La difficulté inhérente à l'œuvre elle-même est plus grande dans l'état religieux ; mais du côté des obstacles elle est plus grande pour ceux qui vivent dans le siècle, puisque les religieux se sont prudemment soustraits à tous les entraînements de ce dernier.

QUESTION CLXXXV.

DE CE QUI REGARDE L'ÉTAT DES ÉVÊQUES.

Traitons en particulier de ce qui regarde l'état des évêques.

Huit questions se présentent à cet égard : 1° Est-il permis de désirer l'épiscopat ? 2° Est-il permis de le refuser obstinément ? 3° Faut-il choisir le plus parfait pour l'élever à l'épiscopat ? 4° Un évêque peut-il se faire religieux ? 5° Peut-il s'éloigner physiquement de son troupeau ? 6° Peut-il avoir quelque chose en propre ? 7° Pèche-t-il mortellement en ne faisant point part aux pauvres des biens ecclésiastiques ? 8° Les religieux élevés à l'épiscopat sont-ils tenus à garder les observances régulières ?

ARTICLE I.

Est-il permis de désirer l'épiscopat ?

Il paraît qu'il est permis de désirer l'épiscopat. 1° L'Apôtre dit (I Tim., III, 1 : *Celui qui désire l'épiscopat désire une œuvre bonne.* Or il est, peut-

Texte latin.

sideret, bonum opus desiderat. » Sed licitum est et laudabile « bonum opus desiderare. » Ergo etiam laudabile est desiderare episcopatum.

2. Præterea, status episcoporum est perfectior quàm religiosorum status, ut suprà habitum est (qu. 184, art. 7). Sed laudabile est quòd aliquis desideret ad statum religionis transire. Ergo etiam laudabile est quòd aliquis appetat ad episcopatum promoveri.

3. Præterea, Proverb., XI, dicitur : « Qui abscondit frumenta maledicetur in populis ; benedictio autem super caput vendentium. » Sed ille qui est idoneus et vità et scientià ad episcopatum, videtur frumenta spiritualia abscondere, si se ab episcopatu subtrahat ; per hoc autem quòd episcopatum accipit, ponitur in statu frumenta spiritualia dispensandi. Ergo videtur quòd laudabile sit episcopatum appetere, et vituperabile ipsum refugere.

4. Præterea, facta sanctorum, quæ in sacra Scriptura narrantur, nobis proponuntur in exemplum, secundùm illud ad Rom., XV : « Quæcumque scripta sunt, ad nostram doctrinam scripta sunt. » Sed legitur Isai., VI, quòd Isaias se obtulit ad officium prædicationis, quod præcipuè competit episcopis. Ergo videtur quòd appetere episcopatum sit laudabile.

Sed contra est, quod Augustinus dicit, XIX De Civit. Dei (cap. 19) : « Locus superior sine quo populus regi non potest, etsi ita admi-

---

permis et louable de désirer un ministère qui est bon. Il est donc louable de désirer l'épiscopat.

2. L'état des évêques est plus parfait que celui des religieux, a-t-il été dit dans la question précédente. Or on est louable quand on désire d'entrer dans l'état religieux. Donc on doit l'être aussi quand on aspire à être évêque.

3. Il est dit (Prov. XI, 26) : Celui qui cache son grain est maudit du peuple ; la bénédiction s'étend sur la tête de celui qui le vend. Or, celui qui est digne par ses vertus et par sa science de l'épiscopat, paraît cacher le froment spirituel, s'il se soustrait à cette charge. Au contraire, en l'acceptant, il se met à la place de celui qui distribue les aliments spirituels. Il semble donc qu'il soit louable de rechercher l'épiscopat et blâmable de le refuser.

4. Les actions des saints que l'Écriture sainte raconte nous sont proposées comme exemples, d'après ces paroles de saint Paul (Rom. XV, 4) : Tout ce qui a été écrit l'a été pour notre enseignement. Or, nous lisons qu'Isaïe s'offrit pour l'office de la prédication (Is. VI), ce qui convient principalement aux évêques. Il semble donc qu'il soit louable de désirer l'épiscopat.

Mais c'est le contraire. Saint Augustin dit (De civ. lib. XIX, cap. 19). Il n'est pas convenable de rechercher les dignités élevées sans lesquelles on ne

---

mis et même louable de désirer une œuvre bonne. Donc il est également permis et louable de désirer l'épiscopat.

2. L'état des évêques est plus parfait que celui des religieux, comme nous l'avons vu (quest. préc., art. 7). Or il est louable de désirer d'entrer en religion. Il est donc louable aussi de désirer qu'on soit promu à l'épiscopat.

3. Il est écrit, Prov., XI, 26 : « Celui qui cache son froment sera maudit au milieu des peuples ; leurs bénédictions remonteront, au contraire, vers celui qui le vend. » Or celui qui par sa science et par sa vie est digne d'être élevé à l'épiscopat, semble cacher son froment spirituel quand il se soustrait à cette dignité ; quand il l'accepte, au contraire, il est mis en demeure de distribuer ce même froment. Donc il paraît louable de désirer l'épiscopat, et blâmable de le fuir.

4. Les actions des saints rapportées par l'Écriture sainte nous sont proposées comme autant d'exemples, selon cette parole, Rom., XV, 4 : « Tout ce qui a été écrit, l'a été pour notre instruction. » Or il est écrit, Isaï, VI, que le prophète s'offrit de lui-même pour remplir le ministère de la prédication, ministère qui regarde surtout les évêques. Désirer l'épiscopat paroît donc une chose louable.

Mais saint Augustin, De Cicit. Dei, XIX, 19, dit ainsi le contraire : « Ce poste éminent, sans lequel le peuple de Dieu ne pourroit être gouverné, alors

Column 1

Texte latin.

nistretur ut decet, tamen indecenter appe-
titur. »

CONCLUSIO.—Episcopatum appetere, et bonum et malum esse potest : bonum quidem, si
in eo spiritualis utilitas quæratur ; malum verò,
si aut opulentia aut temporalis dignitas in episcopatu concupiscatur.)

Respondeo dicendum, quòd in episcopatu
tria possunt considerari : quorum unum est
principale et finale, scilicet episcopalis operatio, per quam utilitati proximorum intendi-
tur, secundùm illud *Joan.*, ult. : « Pasce oves
meas. »

Texte latin.

5. Præterea, quælibet forma naturalis habet
materiam sibi determinatam, extra quam esse
non potest. Materia autem formæ humanæ videtur esse semen maris et fœminæ. Si ergo
corpus Christi non fuerit conceptum ex semine
maris et fœminæ, non verè fuit corpus huma-
num ; quòd est inconveniens. Videtur igitur
non fuisse conceptus ex virgine matre.
Sed contra est, quod dicitur *Isa.*, VII :
« Ecce Virgo concipiet. »

Column 2

M. Drioux (vol. VI, p. 264, 266).

peut gouverner le peuple, quoiqu'on soit très-apte à
les remplir.

CONCLUSION.—Le désir de l'épiscopat peut être
une bonne et une mauvaise chose; c'est un bien si
l'on y cherche un avantage spirituel, mais c'est un
mal si l'on recherche dans cette fonction l'opulence
ou la dignité temporelle.

Il faut répondre que dans l'épiscopat on peut
considérer trois choses : l'une, qui est la chose
principale et finale, est l'opération épiscopale par
laquelle on se propose d'être utile au prochain,
d'après ces paroles (Joan. ult. 17) : *Paissez mes
brebis.*

TROISIÈME PARTIE.

TRAITÉ DE L'INCARNATION.

ARTICLE.

La bienheureuse Marie a-t-elle été vierge dans la conception de son divin fils. (Suite).

M. Lachat (vol. XI, p. 264-266).

5. Toute forme naturelle a une matière à elle déterminée, hors de laquelle elle ne peut exister. Or,
le sang de l'homme et de la femme paraît être la
matière de la forme humaine. Si donc le corps du
Christ n'a pas été conçu du sang de l'homme et de
la femme, il n'a pas été véritablement un corps
humain, ce qui répugne; par conséquent il semble
qu'il n'ait pas été conçu d'une vierge mère.
Mais c'est le contraire. Le prophète dit (Is. VII) :
Voilà que la Vierge concevra.

Column 3

M. Lachat (vol. XII, p. 110-111).

même qu'on veut l'occuper comme il convient, on
ne peut décemment le désirer.

(CONCLUSION.—Désirer l'épiscopat peut être une
chose bonne ou mauvaise : bonne, si l'on ne se propose qu'un bien spirituel ; mauvaise, si c'est l'opulence ou l'éclat extérieur qu'on y recherche.)

On peut considérer trois choses dans l'épiscopat :
la première, qui en est l'objet principal et la véritable fin, c'est l'œuvre même dont l'évêque est
chargé, œuvre qui porte essentiellement sur l'utilité
du prochain, selon cette parole du Sauveur, *Joan.*,
ult., 17 : « Paissez mes brebis. »

M. Lachat (vol. XII, p. 190-191).

3° Toute forme dans la nature a sa matière déterminée, hors de laquelle on ne saurait être. Or la
matière correspondant à la forme humaine se transmet par la génération. Si donc le Christ n'a pas été
ainsi conçu, on peut dire qu'il n'a pas un vrai corps
humain ; ce qui répugne. Par conséquent, le Christ
n'a pas été conçu d'une vierge.

Mais le contraire est formellement dit par *Isaïe* XII,
« Voilà qu'une Vierge concevra. »

Texte latin.	M. Dérieux (vol. VI, p. 264, 266).	M. Lachat (vol. XII, 470-124).

(Conclusio. — Non modo Patris mittentis dignitati, verùm etiam ipsius Filii missi proprietati et Incarnationis fini, conveniebat ut Christus sine corruptione matris conciperetur.)

Respondeo dicendum, quòd simpliciter confitendum est Matrem Christi Virginem concepisse; contrarium enim pertinet ad hæresim Hebionitarum et Cerinthi, qui Christum purum hominem arbitrabantur, et de utroque sexu eum natum putaverunt. Quòd enim Christus sit conceptus ex Virgine, conveniens fuit propter quatuor : Primò, propter mittentis Patris dignitatem conservandam; cum enim Christus sit verus et naturalis Dei Filius, non fuit conveniens quòd alium patrem haberet quàm Deum, ne dignitas Dei Patris transferretur ad alium. Secundò, hoc fuit inconveniens proprietati ipsius Filii, qui mittitur. Qui quidem est Verbum Dei; verbum autem absque omni corruptione cordis concipitur; quinimò cordis corruptio perfecti verbi conceptionem non patitur. Quid ergo caro sic fuit à Verbo Dei assumpta, ut esset caro Verbi Dei, conveniens fuit quòd etiam ipsa sine corruptione matris conciperetur. Tertiò, hoc fuit conveniens dignitati humanitatis Christi, in quâ locum peccatum habere non debuit, per quam peccatum mundi tollebatur, secundùm illud Joan., I : « Ecce Agnus Dei (scilicet innocens) qui tollit peccata mundi; » non poterat autem esse quòd in natura jam corrupta ex concubitu, caro nasceretur sine infectione originalis peccati. Unde Augustinus dicit in lib. De nuptiis et concupiscentia (cap. 12) : « Solus nuptialis concubitus ibi non fuit.

CONCLUSION. — Il convenait non-seulement à la dignité du Père qui envoie, mais encore à la propriété du Fils qui a été envoyé et à la fin de l'incarnation, que le Christ fût conçu sans que la pureté de sa mère fût altérée.

Il faut répondre que l'on doit reconnaître absolument que la mère du Christ a conçu étant vierge. Car le contraire appartient à l'hérésie des ébionites et de Cérinthe qui considéraient le Christ simplement comme un homme, et qui le croyaient le fruit de deux sexes. — En effet, il était convenable que le Christ fût conçu d'une vierge pour quatre raisons : 1° Pour sauvegarder la dignité du Père qui l'envoie. Car le Christ étant le Fils véritable et naturel de Dieu, il n'eût pas été convenable qu'il eût un autre père que Dieu, dans la crainte que la dignité de Dieu le Père ne fût transférée à un autre. 2° C'était une chose convenable à la propriété du Fils lui-même, qui est envoyé, et qui consiste en ce qu'il est le Verbe de Dieu. Or, le Verbe se conçoit sans que la pureté du cœur soit altérée; et même la corruption du cœur ne permet pas de concevoir le Verbe d'une manière parfaite. Par conséquent la chair ayant été prise par le Verbe de Dieu pour être la chair du Verbe de Dieu, il a été convenable qu'elle fût conçue sans porter aucune atteinte à la pureté de sa mère. 3° Ce privilége a été convenable à la dignité de l'humanité du Christ, qui n'a pas dû être atteinte par le péché, puisque c'est par elle qu'était effacé le péché du monde, d'après ces paroles de saint Jean (1, 16) : Voici l'agneau de Dieu, c'est-à-dire l'innocent, qui efface le péché du monde. Or, il ne pouvait se faire qu'une chair qui devait naître sans être souillée du péché originel, fût conçue dans une nature déjà corrompue. D'où saint Augustin dit (Lib. 1 de nuptiis et

(CONCLUSION. — Non-seulement la dignité du Père qui envoyoit, mais encore celle du Fils qui étoit envoyé, et de plus la fin même de l'Incarnation exigeoient que le Christ fût conçu sans altération pour l'intégrité de sa Mère.)

Nous devons absolument professer que la Mère du Christ a été Vierge dans la conception de son divin fils. Prétendre le contraire seroit retomber dans l'hérésie de Cérinthe et d'Ébion. Ces hérésiarques enseignoient que le Christ étoit un pur homme, et que son origine étoit dès lors la même que celle des autres enfants d'Adam. Or que le Christ ait été conçu d'une Vierge, cela convient pour quatre raisons principales : 1° Pour qu'il ne fût porté aucune atteinte à la dignité de son Père éternel; comme le Christ, en effet, est vrai Fils de Dieu par nature, il ne devoit pas avoir un autre Père que Dieu, de peur que la dignité de Dieu le Père ne parût transférée à un autre. 2° Le caractère propre du Fils lui-même, qui étoit envoyé, ne l'exigeoit pas moins. Il est le Verbe de Dieu. Or le verbe est conçu dans le cœur sans corruption d'aucune sorte; bien plus, la corruption du cœur empêche la conception d'un verbe parfait. Pareillement donc, comme la chair prise par le Verbe devoit être la chair même do ce Verbe divin, il convenoit qu'elle fût conçue sans altération ou souillure pour le sein maternel. 3° Ainsi devoit être conservée la dignité due à l'humanité du Christ; le péché ne devoit pas souiller cette nature humaine par le moyen de laquelle le péché devoit être ôté du monde, selon la parole du précurseur : « Voici l'agneau de Dieu, l'agneau sans tache) qui ôte le péché du monde.» Or, d'une nature déjà corrompue par la volupté charnelle, ne pouvoit provenir une chair exempte du péché original.

(sollicet in matrimonio Mariæ et Joseph), quia in carne peccati fieri non poterat sine ulla carnis concupiscentia, quæ accidit ex peccato, sine qua concipi voluit qui futurus erat sine peccato. « Quartò, propter ipsum finem Incarnationis Christi, quæ ad hoc fuit ut homines renascerentur in filios Dei, « non ex voluntate carnis, neque ex voluntate viri, sed ex Deo, » id est, ex ipsa Dei virtute. Cujus rei exemplar apparere debuit in ipsa conceptione Christi. Unde Augustinus dicit in lib. De sancta Virginitate (cap. 6) : « Oportebat caput nostrum insigni miraculo secundùm carnem nasci de Virgine, quo significaret membra sua de Virgine, Ecclesia secundùm spiritum nascitura.

Ad primum ergo dicendum, quòd sicut Beda dicit super Luc, pater Salvatoris appellatur Joseph, non quòd vere juxta Photinianos pater fuerit ei, sed quòd ad famam Mariæ conservandam pater sit ab omnibus æstimatus; » unde et Luc., III, dicitur : « Ut putabatur filius Joseph. » Vel sicut Augustinus dicit in lib. De bono conjugali : « Eo modo pater Christi dicitur Joseph, quo et vir Mariæ intelligitur, sine commixtione carnis, ipsa copulatione conjugii, multo videlicet conjunctiùs quàm si esset aliunde adoptatus. Neque enim propterea non erat appellandus Joseph pater Christi, qui non eum generarat concumbendo, quandoquidem pater

concupiscence (cap. 12) : Il n'y a que le commerce que les personnes mariées ont ensemble qui ne s'est point rencontré dans le mariage de Marie et de Joseph, parce qu'il ne pouvait avoir lieu dans une chair de péché, sans cette honteuse concupiscence charnelle qui est venue du péché, et celui qui devait être exempt de péché a voulu être conçu sans elle. 4° Il convenait qu'il en fût ainsi à cause de la fin même de l'incarnation qui a eu lieu pour faire renaître les hommes enfants de Dieu, *non d'après la volonté de la chair, ni d'après la volonté de l'homme, mais d'après Dieu,* c'est-à-dire sa vertu. Or, le modèle de cette régénération a dû se manifester dans la conception même du Christ. C'est ce qui fait dire à saint Augustin (*Lib. de sanct. virg.*) cap. 6) : Il fallait que notre chef prît, selon la chair, naissance d'une vierge, pour nous apprendre par cet insigne miracle que ses membres devaient, selon l'esprit, naître d'une autre vierge qui est l'Eglise.

Il faut répondre au *premier* argument, que, comme le dit Bède (*Sup. Luc.* lib. I, cap. 7), le père du Sauveur est appelé Joseph, non parce qu'il l'a été véritablement, comme le prétendent les photiniens, mais parce que pour conserver la réputation de Marie il a été regardé comme tel par tout le monde. Aussi l'évangéliste dit (Luc. III) : *Qu'il était comme on le croyait, fils de Joseph.* Ou bien selon l'observation de saint Augustin (*De consensu Evangelist,* lib. II, cap. 1) : On dit Joseph père du Christ de la manière qu'on le dit époux de Marie sans l'union charnelle, par les liens seul du mariage, et par conséquent d'une manière beaucoup plus étroite que s'il avait adopté un étranger. On doit néanmoins l'appeler père du

Saint Augustin exprime à peu près la même pensée *De Nup. et Concup.*, cap. 12. 4° Cela devait concourir à la fin même de l'Incarnation. Cette fin consiste en ce que les hommes soient régénérés et élevés à la dignité d'enfants de Dieu, « non par la volonté de la chair, ni par la volonté de l'homme, mais par Dieu même, » c'est-à-dire par la puissance de Dieu. Et le modèle de cette régénération devoit nous être fourni dans la conception du Christ. Ce qui fait dire à saint Augustin, *De Virg.*, cap. 6 : « Il falloit que notre Chef par un insigne miracle naquît, selon la chair, d'une Mère Vierge, nous faisant voir par là que ses membres devoient naître, selon l'esprit, d'une Eglise vierge.

Je réponds aux arguments : 1° Bède expliquant ce passage de saint Luc, s'exprime ainsi : « Joseph étoit appelé le père du Sauveur, non qu'il fût réellement son père, comme l'ont prétendu les Photiniens, mais parce qu'il étoit tenu pour tel par tout le monde, ce qu'il falloit pour l'honneur de Marie. » Aussi l'Évangéliste ajoute : « Il étoit cru fils de Joseph. » De là encore ce que dit saint Augustin, *De Bono conjug.*, II, 1 : « Joseph est appelé le père de Jésus, de la même manière qu'il est appelé l'époux de Marie; il y a là le lien sacré du mariage, et rien de plus, ce qui l'unit étroitement au Christ que ne l'eût fait une simple adoption. De ce qu'il ne l'avoit pas engendré, il ne suit pas qu'il ne dût être appelé son

esse etiam et, quem non ex sua conjuge procreatum aliunde adoptasset.

Ad secundum dicendum, quòd sicut Hieronymus dicit super Matth., cum Joseph non sit pater Domini Salvatoris, ordo generationis ejus usque ad Joseph deducitur : Primo quidem, quia non est consuetudinis Scripturarum, ut mulierum in generationibus ordo texatur; deinde, quia ex una tribu fuit Joseph et Maria; unde et ex lege eam accipere cogebatur ut propinquam. Et ut Augustinus dicit in lib. De nuptiis et concupiscentia (cap. 11), « fuit generationum series usque ad Joseph perducenda, ne in illo conjugio, virili sexui, utique potiori fieret injuria, cum veritati nihil periret; » quia ex semine David, et Joseph erat et Maria.

Ad tertium dicendum, quòd sicut Glossa dicit ibid., mulierem pro fœmina posuit, more locutionis Hebræorum; usus enim Hebrææ locutionis mulieres dicit non virginitate corruptas, sed fœminas.

Ad quartum dicendum, quòd ratio illa habet locum in his quæ procedunt in esse per viam naturæ; eo quòd natura sicut est determinata ad unum effectum, ita etiam est determinata ad unum modum producendi illum. Sed virtus supernaturalis divina, cum sit infinita, sicut non est determinata ad unum effectum, ita non est determinata ad modum producendi quemcumque effectum. Et ideo, sicut virtute divina

---

Christ, quoiqu'il ne l'ait pas engendré, puisqu'il serait encore avec raison appelé père d'un enfant qui ne serait pas né de son épouse et qu'il aurait adopté d'ailleurs.

Il faut répondre au second, que comme le remarque saint Jérôme (Sup. Matth. cap. 1), quoique Joseph ne soit pas le père du Sauveur, l'ordre de sa génération est conduit jusqu'à lui : 1° parce que les Écritures n'ont pas coutume dans les générations de suivre l'ordre des femmes; 2° parce que Joseph et Marie étant de la même tribu, il en résultait qu'il était forcé de l'épouser comme sa parente. Et comme le dit saint Augustin (De nuptiis et concupisc. lib. 1, cap. 2), la généalogie a dû être conduite jusqu'à Joseph, pour ne pas faire injure à l'homme dont le sexe est le plus noble, et parce que d'ailleurs la vérité n'avait point à en souffrir, puisque Joseph et Marie étaient tous deux de la race de David.

Il faut répondre au troisième, que, comme l'observe la glose (ord. Aug. lib. xiii Cont. Faust. cap. 7), le mot mulier, femme, n'est pas seulement employé pour signifier une femme mariée, mais encore une vierge.

Il faut répondre au quatrième, que ce raisonnement est applicable à ceux qui reçoivent l'être par les voies naturelles, parce que, comme la nature est déterminée à un effet unique, de même elle est déterminée à une seule et même manière de le produire; au lieu que la vertu divine surnaturelle étant infinie, comme elle n'est pas déterminée à un effet unique, de même elle ne l'est pas pour la manière de produire un effet quel qu'il soit. C'est pourquoi

---

père, puisqu'il lui eût suffi d'adopter l'enfant même d'une femme étrangère, pour avoir droit à ce nom.

2° Dans la pensée de saint Jérôme, quoique Joseph ne soit pas le père du Sauveur, c'est à lui néanmoins que vient aboutir la généalogie, pour plusieurs raisons : d'abord, parce que ce n'est pas l'usage de l'Écriture de faire figurer les femmes dans l'ordre généalogique; puis, parce que Joseph et Marie étaient de la même tribu; aussi la loi lui faisait-elle un devoir de l'épouser, vu qu'elle était sa parente. Enfin, comme le dit le savant évêque d'Hippone, De Nupt. et Concup., cap. 11, « l'ordre des générations devoit être conduit jusqu'à Joseph, de peur que dans ce mariage il ne fût fait injure au sexe en définitive le plus noble, la vérité n'ayant d'ailleurs aucune atteinte à souffrir; » car Joseph, aussi bien que Marie, descendoit de la race de David.

3° Si l'Écriture emploie le mot femme, comme le remarque la Glose, c'est pour se conformer à l'usage des Hébreux; car cette expression dans leur langue désigne indistinctement les vierges et les femmes mariées.

4° Cette raison a sa valeur quand il s'agit des êtres qui sont amenés à l'existence selon l'ordre de la nature; car, comme la nature n'a qu'un effet déterminé, elle ne sauroit non plus avoir qu'une manière de le produire. Mais la puissance surnaturelle de Dieu étant infinie, elle n'est astreinte ni à un seul acte ni à une seule manière de produire cet acte. De même donc que cette puissance a fait que le premier homme a été formé du limon de la terre,

Texto latin. | **M. Drioux** (vol. VI, p. 264, 866). | **M. Lachat** (vol. XII, p. 430, 424).

fieri potuit ut primus homo de limo terræ formaretur, ita etiam fieri potuit ut divina virtute corpus Christi formaretur, de Virgine absque virili semine.

Ad quintum dicendum, quòd secundum Philosophum in lib. *De generatione animalium*, semen maris non est sicut materia in conceptione animalis, sed solùm sicut agens; sola autem fœmina materiam subministrat conceptui. Unde per hoc quòd semen maris defuit in conceptione corporis Christi, non sequitur quòd defuerit ei debita materia. Si tamen semen maris esset materia fœtus concepti in animalibus, manifestum est quòd non est materia permanens in eadem forma, sed materia transmutata. Et quamvis virtus naturalis non possit transmutare ad certam formam nisi determinatam materiam, virtus tamen divina, quæ est infinita, potest transmutare omnem materiam in quamcumque formam. Unde, sicut transmutavit limum terræ in corpus Adæ, ita in corpus Christi transmutare potuit materiam à matre ministratam, etiamsi non esset sufficiens materia ad naturalem conceptum.

ARTICULUS II.

Utrùm Mater Dei fuerit Virgo in partu.

Ad secundum sic proceditur. Videtur quòd Mater Christi non fuerit Virgo in partu. Dicit enim Ambrosius super *Lucam* : Qui vulvam sanctificavit alienam, ut nasceretur Propheta; hic est qui aperuit matris suæ vulvam, ut immaculatus exiret. » Sed apertio vulvæ virginitati

---

comme la vertu divine a pu faire que le premier homme fût formé du limon de la terre, de même elle a pu faire aussi que le corps du Christ fût formé de la Vierge sans le sperme humain.

Il faut répondre au *cinquième*, que, d'après Aristote (*De gener. anim.* lib. 1, cap. 2, 19 et 20), le sperme du mâle ne tient pas lieu de matière dans la conception de l'animal, mais il est comme l'agent; c'est la femelle seule qui fournit la matière dans la conception. Ainsi de ce que le sperme n'a pas existé dans la conception du corps du Christ, il ne s'ensuit pas qu'il n'ait pas eu la matière convenable. D'ailleurs quand même le sperme serait la matière du fœtus dans les animaux, il est évident qu'il n'est pas une matière qui soit permanente sous la même forme, mais que c'est une matière qui se transforme. Et quoique la puissance naturelle ne puisse changer en une certaine forme qu'une matière déterminée, cependant la vertu divine qui est infinie peut changer toute matière en une forme quelconque. Par conséquent, comme elle a changé le limon de la terre dans le corps d'Adam, de même elle a pu changer dans le corps du Christ la matière fournie par sa mère, quand même cette matière ne serait pas suffisante pour concevoir d'après les lois naturelles.

ARTICLE II.

La mère de Dieu a-t-elle été vierge dans l'enfantement?

1. Il semble que la mère du Christ n'ait pas été vierge dans l'enfantement. Car saint Ambroise dit (*Sup. Luc.* cap. 1) : Celui qui a sanctifié le sein d'une autre femme pour en faire naître un prophète, c'est celui qui a ouvert le sein de sa mère pour en sortir sans tache. Or, cet acte est contraire à la vir-

---

elle a pu faire aussi que le corps du Christ l'ait été du pur sang d'une Vierge.

5° Là est également le principe de solution pour le cinquième argument. Si la puissance divine agit ordinairement dans la création selon les lois qu'elle a établies et par le moyen des causes secondes, elle peut, quand elle le veut, intervenir directement et agir par elle-même. C'est ce qui est arrivé dans la conception du Christ. Mais le corps qu'elle a ainsi formé n'en est pas moins un corps humain, tout comme l'était celui d'Adam, et mieux encore, sous un rapport, puisqu'elle l'a formé du sang très-pur de la Vierge, comme nous l'avons dit, et dans ses chastes entrailles.

ARTICLE II.

La mère de Dieu a-t-elle été vierge dans l'enfantement?

Il paroît que la mère du Christ n'a pas été vierge dans l'enfantement. 1° Saint Ambroise dit, *Sup. Luc.*, cap. 1 : Celui qui a sanctifié le sein d'une femme étrangère pour en faire naître un prophète, a lui-même ouvert le sein de sa propre Mère pour en sortir immaculé. » Or cela ne peut avoir lieu sans

— 62 —

Texte latin. II.

tatem excludit. Ergo mater Christi non fuit Virgo in partu.

2. Praeterea, nihil in mysterio Christi esse debuit, per quod corpus ejus phantasticum appareret. Sed hoc non videtur vero corpori, sed phantastico convenire, ut possit per clausa transire; eo quod duo corpora simul esse non possunt. Non igitur debuit ex matris utero clauso corpus Christi prodire; et ita non decuit quòd esset Virgo in partu.

3. Praeterea, sicut Gregorius dicit in Homilia *Octavarum Paschae*, « per hoc quòd januis clausis ad discipulos post resurrectionem intravit Dominus, ostendit corpus suum esse ejusdem naturae et alterius gloriae. » Et sic per clausa transire, videtur ad gloriam corporis pertinere. Sed corpus Christi in sua conceptione non fuit gloriosum, sed passibile, habens « similitudinem carnis peccati, » ut Apostolus dicit *Rom.*, VIII. Non ergo exivit per Virginis uterum clausum.

Sed contra est, quòd in quodam sermone *Ephesini Concilii* (2) dicitur : « Natura post partum nescit ulterius Virginem; gratia verò et parientem ostendit, et matrem fecit, et Virginitati non nocuit. » Fuit ergo Mater Christi Virgo in partu.

(Conclusio. — Cùm Christus ut nostram corruptionem tolleret, in mundum venerit, cum matris Virginitatem nascendo corrumpere minimè decuit.)

M. Drioux (vol. VII, p. 184, 186).

ginité. La mère du Christ n'a donc pas été vierge dans son enfantement.

2. Il n'a dû rien y avoir dans le mystère du Christ qui laissât croire que son corps était fantastique. Or, il ne me semble pas convenir à un corps véritable, mais à un corps fantastique, de pouvoir passer par une issue fermée, parce que deux corps ne peuvent simultanément exister ensemble. Le corps du Christ n'a donc pas dû sortir du sein de sa mère sans l'ouvrir, et par conséquent il n'a pas été convenable que sa mère fût vierge dans l'enfantement.

3. Selon l'observation de saint Grégoire (*Hom.* xxvi *in Evang.*), le Seigneur, après sa résurrection, en entrant près de ses disciples les portes fermées, a montré par là que son corps était de même nature, mais qu'il était autre parce qu'il était glorifié; par conséquent il semble appartenir aux corps glorieux de passer ainsi à travers ce qui est fermé. Or, le corps du Christ n'a pas été glorieux dans sa conception, mais passible, ayant pris une chair *semblable à notre chair de péché*, selon l'expression de saint Paul (*Rom.* viii). Non ergo exivit per Virginis uterum clausum.

Mais c'est le *contraire*. Dans un discours prononcé au concile d'Ephèse, on lit (part. iii, cap. 19) : Naturellement après l'enfantement il n'y a plus de vierge, mais la grâce a rendu mère une vierge qui enfante, et elle n'a pas porté atteinte à sa virginité. La mère du Christ a donc été vierge dans son enfantement.

CONCLUSION. — Puisque le Christ est venu dans le monde pour détruire notre corruption, il n'eût pas été convenable qu'il portât atteinte à la virginité de sa mère en naissant.

M. Lachat (vol. XII, p. 120-121).

que la virginité se perde. Donc la mère du Christ ne fut pas vierge dans l'enfantement.

2. Le mystère de l'Incarnation n'a dû rien présenter qui pût faire croire que le corps du Christ étoit un corps fantastique. Mais un corps fantastique seul peut passer à travers un autre, et cela ne sauroit convenir à un corps réel, par la raison que deux corps ne peuvent occuper le même espace. Ce n'est donc pas ainsi que le Christ est né; et sa Mère dès lors n'a pas été vierge dans l'enfantement.

3. Saint Grégoire dit, homil. XXVI, *Oct. Pasch.* : « Quand, après sa résurrection, le Seigneur entra dans le lieu où étoient réunis ses disciples, les portes étant fermées, il montra que son corps, tout en conservant la même nature, a revêtu une autre gloire. » Passer à travers les obstacles corporels paroît donc être un privilége des corps glorieux. Or tel n'étoit pas le corps du Christ à sa naissance; il étoit au contraire passible et « semblable à notre chair de péché, » *Rom.*, VIII. Donc Marie n'a pas été Vierge dans l'enfantement.

Mais le contraire est ainsi formulé dans le sermon prononcé par Théodore, évêque d'Ancyre, au Concile d'Ephèse : « La nature ne connoît plus de virginité après l'enfantement; mais la grace sait accorder les honneurs d'une mère avec l'intégrité d'une Vierge. » Donc la Mère du Christ demeura Vierge dans l'enfantement.

(CONCLUSION. — Le Christ étant venu dans le monde pour détruire notre corruption, il ne convenoit nullement que dans sa naissance il portât atteinte à la virginité de sa Mère.)

Texte latin.

M. Drioux (vol. VI, p. 600, 601).

M. Lachat (vol. XIII, p. 430-431).

Respondeo dicendum, quòd absque omni dubio asserendum est Matrem Christi etiam in partu Virginem fuisse; nam Propheta non solùm dixit : « Ecce Virgo concipiet, » sed etiam addit : « Et pariet filium. » Et hoc quidem conveniens fuit propter tria.

Il semble qu'on doive affirmer sans aucun doute qu'ella mère du Christ a été vierge dans son enfantement; car le prophète ne dit pas seulement : *Voilà que la Vierge concevra*, mais il ajoute encore : *et qu'elle enfantera un fils* (Is. VII, 14). Et il a été convenable qu'il en fût ainsi pour trois motifs.

Il n'est pas permis de douter que la Mère du Christ n'ait été vierge jusque dans l'enfantement; car, après avoir dit : « Voilà qu'une Vierge concevra, » le prophète ajoute : « Et enfantera. » Or cela convenoit pour trois raisons.

TROISIÈME PARTIE.

TRAITÉ DES SACREMENTS.

ARTICLE.

L'Eucharistie est-elle le plus excellent des sacrements? (Suite).

Texte latin.

M. Drioux (vol. VI, p. 600, 601).

M. Lachat (vol. XIII, p. 430-431).

Respondeo dicendum, quòd, simpliciter loquendo, sacramentum eucharistiæ est potissimum inter alia sacramenta. Quod quidem tripliciter apparet. Primò quidem ex eo quòd in eo continetur; nam in sacramento eucharistiæ continetur ipse Christus substantialiter, in aliis autem sacramentis continetur quædam virtus instrumentalis participata à Christo, ut ex suprà dictis patet (qu. 62, art. 4, ad 3). Semper autem « quod est per essentiam, potius est eo quòd est per participationem. » Secundò, hoc apparet ex ordine sacramentorum ad invicem; nam omnia alia sacramenta ordinari videntur ad hoc sacramentum, sicut ad finem. Manifestum est enim quòd sacramentum ordinis ordinatur ad eucharistiæ consecrationem; sacramentum verò baptismi ordinatur ad eucharistiæ receptionem; in quo etiam perficitur aliquis per confirmationem, ut non vereatur se subtrahere à tali sacramento; per poenitentiam etiam et extremam unctionem præparatur

Il faut répondre qu'absolument parlant le sacrement de l'eucharistie est le plus excellent de tous les sacrements. Ce qu'on peut rendre évident de trois manières : 1° Par ce qu'il renferme, car le Christ est substantiellement contenu dans le sacrement de l'eucharistie, tandis que les autres sacrements renferment une vertu instrumentale qui est une participation du Christ, comme on le voit d'après ce que nous avons dit (quest. LXII, art. 4, ad 3). Or, ce qui existe par essence l'emporte toujours sur ce qui existe par participation. 2° Par le rapport que les sacrements ont entre eux. Car tous les autres sacrements paraissent se rapporter à celui-là comme à leur fin. En effet, il est évident que le sacrement de l'ordre se rapporte à la consécration de l'eucharistie, et le sacrement du baptême à sa réception. On est fortifié pour la confirmation pour qu'on ne soit pas excité par la crainte à s'éloigner de ce sacrement; la pénitence et l'extrême-onction préparent l'homme à recevoir dignement le corps du Christ; enfin le mariage se rapporte au moins

Considérée absolument, l'eucharistie est le plus excellent de tous les sacrements. Trois choses le prouvent : 1° Ce qu'elle contient. Le sacrement de l'eucharistie contient Jésus-Christ lui-même substantiellement, au lieu que les autres ne contiennent qu'une vertu instrumentale, qui découle, par voie de participation, de Jésus-Christ en eux, comme nous l'avons vu précédemment, quest. LXII, art. 4, ad 3. Or ce qui existe par sa propre essence est toujours supérieur à ce qui n'existe que par participation. 2° L'ordre respectif des sacrements. Tous paroissent institués pour se rapporter à celui-ci comme à leur fin. Il est clair, en effet, que le sacrement de l'ordre est institué pour donner le pouvoir de consacrer l'eucharistie; et que le baptême prépare à la recevoir. La confirmation perfectionne dans le même but le chrétien, afin d'empêcher que la crainte ne l'éloigne de ce sacrement. La pénitence et l'extrême-onction disposent l'homme à recevoir dignement le corps de Jésus-Christ. Le mariage touche encore à ce sacrement, au moins par sa

Texte latin. | **M. Drioux** (vol. VI, p. 020, 002). | **M. Lachat** (vol. XIII, p. 130, 134).

Texte latin

...ad digne sumendum corpus Christi; matrimonium etiam, saltem suâ significatione, attingit hoc sacramentum, in quantum significat conjunctionem Christi et Ecclesiæ, cujus unitas per sacramentum eucharistiæ signatur; unde et Apostolus dicit, *Ephes.*, V : « Sacramentum hoc magnum est, ego autem dico in Christo et in Ecclesia. » Tertiò, hoc apparet ex ritu sacramentorum; nam ferè omnia sacramenta in eucharistia consummantur, ut Dionysius dicit, cap. III. *Eccles. hierarch.*, sicut patet quòd ordinati communicant, et etiam baptizati, si sint adulti. — Aliorum autem sacramentorum comparatio ad invicem potest esse multiplex. Nam in via necessitatis baptismus est potissimum sacramentorum; in via autem perfectionis sacramentum ordinis. Medio autem modo se habet sacramentum confirmationis. Sacramentum verò pœnitentiæ et extremæ unctionis sunt inferioris gradûs à prædictis sacramentis, quia, sicut dictum est (art. 1), ordinatur ad viam christianam, non per se, sed quasi per accidens, scilicet in remedium supervenientis defectûs; inter quæ extrema unctio comparatur ad pœnitentiam, sicut confirmatio ad baptismum, ita scilicet quòd pœnitentia est majoris necessitatis, sed extrema unctio est majoris perfectionis.

Ad primum ergo dicendum, quòd matrimonium ordinatur ad commune bonum corporaliter; sed bonum commune spirituale totius Ecclesiæ continetur substantialiter in ipso eucharistiæ sacramento.

M. Drioux

par sa signification à ce sacrement, en ce sens qu'il signifie l'union du Christ et de l'Eglise, dont l'unité est figurée par le sacrement de l'eucharistie. D'où l'Apôtre dit (*Ephes.* v, 31) : *Ce sacrement est grand, je dis en Jésus-Christ et dans l'Eglise.* 3° Par le rit des sacrements. Car presque tous les sacrements sont consommés dans l'eucharistie, comme le dit saint Denis (*De eccles. hier.* cap. 3). Ainsi ceux qui ont reçu les ordres communient, aussi bien que ceux qui ont reçu le baptême, s'ils sont adultes. — La comparaison des autres sacrements entre eux peut être faite à divers points de vue. Sous le rapport de la nécessité le baptême est le plus important des sacrements; sous le rapport de la perfection c'est l'ordre; le sacrement de confirmation tient le milieu; le sacrement de pénitence et celui d'extrême-onction sont d'un rang inférieur aux autres. Car, comme nous l'avons dit (art. 1 huj. quæst.), ils se rapportent à la vie chrétienne non par eux-mêmes, mais comme par accident, c'est-à-dire pour remédier à un défaut qui survient. L'extrême-onction est à la pénitence ce que la confirmation est au baptême; de telle sorte que la pénitence est plus nécessaire, mais l'extrême-onction plus parfaite.

Il faut répondre au *premier* argument, que le mariage a pour but le bien commun corporellement, tandis que le bien commun spirituel de l'Eglise entière est substantiellement contenu dans le sacrement même de l'eucharistie.

M. Lachat

signification, puisqu'il est le signe de l'union de Jésus-Christ avec son Eglise, union qui a pour sceau le sacrement de l'eucharistie; aussi l'Apôtre dit, *Ephes.*, V, 32 : « Ce sacrement est grand; je veux dire en Jésus-Christ et l'Eglise. » 3° Le rite même des sacrements; car, suivant la remarque de saint Denys, *De Eccles. Hierarch.*, cap. 3, l'eucharistie est la consommation de presque tous les sacrements; et la preuve en est que ceux qui ont reçu les ordres communient, et aussi ceux qui sont baptisés, s'ils sont adultes. — On peut se placer à divers points de vue pour comparer entre eux les autres sacrements. S'il s'agit de la nécessité, le baptême est le premier; pour la perfection c'est l'ordre, et la confirmation tient le milieu. Les sacrements de la pénitence et de l'extrême-onction sont inférieurs aux autres, parce que, comme nous l'avons observé dans l'article premier de cette question, leur rapport avec la vie chrétienne n'a rien d'essentiel, mais il est en quelque sorte accidentel, puisqu'ils sont destinés à remédier à un défaut qui survient. De ces deux sacrements, l'extrême-onction est à la pénitence ce que la confirmation est au baptême; c'est-à-dire que la pénitence est la plus nécessaire, et que l'extrême-onction augmente la perfection de l'âme.

Je réponds aux arguments : 1° La fin du mariage est le bien physique de la société, mais le bien commun spirituel de toute l'Eglise est substantiellement contenu dans le sacrement de l'eucharistie.

· ·

Ad secundum dicendum, quòd per ordinem et confirmationem deputantur fideles Christi ad aliqua specialia officia, quæ pertinent ad officium principis. Et ideo tradere hujusmodi sacramenta pertinet ad solum episcopum, qui est quasi princeps in Ecclesia. Per sacramentum verò eucharistiæ non deputatur homo ad aliquod officium, sed magis hoc sacramentum est finis omnium officiorum, ut dictum est (corp.).

Ad tertium dicendum, quòd character sacramentalis, sicut suprà dictum est (qu. 63, art. 3), est quædam participatio sacerdotii Christi. Unde sacramentum quod ipsum Christum conjungit homini est, dignius sacramento quod imprimit Christi characterem.

Ad quartum dicendum, quòd ratio illa procedit ex parte necessitatis. Sicut enim baptismus, cùm sit maximæ necessitatis, est potissimum sacramentorum, sic ordo et confirmatio habent quamdam excellentiam ratione ministerii, et matrimonium ratione significationis; nihil enim prohibet aliquid esse secundùm quid dignius, quod tamen non est dignius simpliter.

ARTICULUS IV.

Utrùm omnia sacramenta sint de necessitate salutis.

Ad quartum sic proceditur. Videtur quòd omnia sacramenta sint de necessitate salutis. Illud enim quod non est necessarium, videtur

---

Il faut répondre au *second*, que par l'ordre et la confirmation les fidèles du Christ sont consacrés à des offices spéciaux qui appartiennent à la charge du prince; c'est pourquoi il n'appartient qu'à l'évêque qui est comme un prince dans l'Église de conférer ces sacrements. Mais par le sacrement de l'eucharistie on n'est pas voué à un office, ce sacrement est plutôt la fin de tous les offices quels qu'ils soient, comme nous l'avons dit (*in corp. art.*).

Il faut répondre au *troisième*, que le caractère sacramentel, comme nous l'avons dit, quest. LXIII, art. 3), est une participation du sacerdoce du Christ. Par conséquent le sacrement qui unit le Christ lui-même à l'homme est plus noble que le sacrement qui en imprime le caractère.

Il faut répondre au *quatrième*, que cette raison s'appuie sur la nécessité; car, comme le baptême est le plus excellent des sacrements, dans le sens qu'il est le plus nécessaire, de même l'ordre et la confirmation ont une certaine excellence en raison de leur ministère, et le mariage en raison de sa signification. D'ailleurs rien n'empêche qu'une chose soit plus noble sous un rapport, sans l'être davantage absolument.

ARTICLE IV.

Tous les sacrements sont-ils nécessaires au salut?

1. Il semble que tous les sacrements soient nécessaires au salut. Car ce qui n'est pas nécessaire paraît être superflu. Or, aucun sacrement n'est superflu;

2° L'ordre et la confirmation consacrent les fidèles de Jésus-Christ pour certaines fonctions spéciales qui relèvent de l'autorité principale. C'est pour cela que l'administration de ces sacrements est exclusivement réservée à l'évêque, qui tient le rang de prince dans l'Église. Le sacrement de l'eucharistie ne consacre les hommes pour aucune fonction; mais il est bien plutôt la fin de toutes les fonctions.

3° Nous avons vu, quest. LXIII, art. 3, que le caractère sacramentel est une sorte de participation au sacerdoce de Jésus-Christ. Le sacrement qui unit l'homme à la personne même de Jésus-Christ est donc supérieur à ceux qui impriment seulement le caractère de Jésus-Christ.

4° Cet argument n'a d'autre fondement que la question de nécessité. Sous ce rapport, en effet, le baptême est le premier des sacrements, parce qu'il est le plus nécessaire. De même l'ordre et la confirmation sont au-dessus des autres pour ce qui tient au ministère, et il en est de même du mariage, s'il s'agit de la signification; car rien ne s'oppose à ce qu'une chose soit supérieure sous un rapport, quoiqu'elle n'ait pas une supériorité absolue.

ARTICLE IV.

Tous les sacrements sont-ils nécessaires pour le salut?

Il paroît que tous les sacrements sont nécessaires pour le salut. 1° Une chose qui n'est pas nécessaire semble superflue. Or aucun sacrement n'est superflu;

esse superfluum. Sed nullum sacramentum est superfluum, quia « Deus nihil facit frustra. » Ergo omnia sacramenta sunt de necessitate salutis.

2. Præterea, sicut de baptismo dicitur, *Joan.*, III : « Nisi quis renatus fuerit ex aqua et Spiritu sancto, non potest introire in regnum Dei; » ita de eucharistia dicitur *Joan.*, VI : « Nisi manducaveritis carnem Filii hominis, et biberitis ejus sanguinem, non habebitis vitam in vobis. » Ergo sicut baptismus est sacramentum necessitatis, ita et eucharistia.

3. Præterea, sine sacramento baptismi potest aliquis salvus fieri, dummodo « non contemptus religionis, sed necessitas sacramentum excludat, » ut infrà dicetur (qu. 68, art. et 2). Sed in quolibet sacramento contemptus religionis impedit hominis salutem. Ergo, pari ratione, omnia sacramenta sunt de necessitate salutis.

Sed contra est, quòd pueri salvantur per solum baptismum, sine aliis sacramentis.

(CONCLUSIO. — Tria sunt sacramenta ad salutem necessaria : Baptismus absolutè; pœnitentia existenti in peccato mortali; ordo respectu Ecclesiæ. Cætera verò sacramenta sunt eatenus necessaria, quatenus per ea commodiùs effectum salutis consequimur.)

Respondeo dicendum, quòd necessarium respectu finis, de quo nunc loquimur, dicitur aliquid dupliciter. Uno modo, sine quo non

---

parce que Dieu ne fait rien en vain. Tous les sacrements sont donc nécessaires au salut.

2. Comme il est dit du baptême (Joan. III, 5) : *Si on ne renaît de l'eau et de l'Esprit-Saint on ne peut entrer dans le royaume de Dieu*, de même il est dit de l'eucharistie (Joan. VI, 54) : *Si vous ne mangez la chair du Fils de l'homme et si vous ne buvez son sang, vous n'aurez pas la vie en vous.* Par conséquent, comme le baptême est un sacrement nécessaire, de même aussi l'eucharistie.

3. Sans le sacrement de baptême on peut être sauvé, pourvu que cela ne soit pas le mépris de la religion, mais la nécessité qui empêche de recevoir ce sacrement, ainsi que nous le dirons (quest. LXVIII, art. 1 et 2). Or, en tout sacrement le mépris de la religion empêche le salut de l'homme. Donc, pour la même raison, tous les sacrements sont nécessaires au salut.

Mais c'est le *contraire*. Car les enfants sont sauvés par le baptême seul sans les autres sacrements.

CONCLUSION. — Il y a trois sacrements nécessaires au salut : le baptême l'est absolument; la pénitence pour celui qui est dans le péché mortel, l'ordre par rapport à l'Eglise; tous les autres sacrements sont nécessaires dans le sens que par leur moyen on opère plus aisément son salut.

Il faut répondre qu'on dit qu'une chose est nécessaire de deux manières par rapport à la fin dont nous parlons maintenant : 1° Elle est nécessaire

---

car le Philosophe dit, *De Cœlo*, I, text. 32 : « Dieu ne fait rien d'inutile. » Donc tous les sacrements sont nécessaires pour le salut.

2° Comme il est du baptême, Joan., III, 5 : « Quiconque ne renaît pas de l'eau et par le Saint-Esprit, ne peut entrer dans le royaume de Dieu, » il est dit aussi de l'eucharistie, Joan., VI, 54 : Si vous ne mangez la chair du Fils de l'homme, et si vous ne buvez son sang, vous n'aurez pas la vie en vous. » Le sacrement de l'eucharistie est donc tout aussi nécessaire que celui du baptême.

3° On verra plus loin, quest. LXIII, art. 1 et 2, que l'on peut être sauvé sans recevoir effectivement le baptême, pourvu que, comme le dit saint Augustin, *De baptismo contra Donatist.*, IV, 22, « ce ne soit pas le mépris de la religion, mais la nécessité qui empêche de recevoir ce sacrement. » Or, sur quelque sacrement que tombe le mépris que l'on fait de la religion, cette disposition exclut du salut. Donc, pour la même raison, tous les sacrements sont nécessaires pour le salut.

Mais, au contraire, le baptême tout seul sauve les enfants, sans les autres sacrements.

(CONCLUSION. — Trois sacrements sont nécessaires pour le salut : le baptême, absolument; la pénitence, pour quiconque est en péché mortel; l'ordre, pour l'Eglise. Les autres ne sont nécessaires qu'en tant qu'ils font arriver plus facilement au salut.)

Une chose est nécessaire pour la fin, et c'est de quoi il s'agit ici, de deux manières : 1° Sans cette chose, on ne peut atteindre à la fin : par exemple,

Texte latin.	M. Drioux (vol. III, p. 600-602).	M. Lachat (vol. XIII, p. 130-134).

Texte latin.

potest haberi finis, sicut cibus est necessarius vitæ humanæ ; et hoc est simpliciter necessarium ad finem. Alio modo dicitur esse necessarium id sine quo non habetur finis ita convenienter, sicut equus necessarius est ad iter. Hoc autem non est simpliciter necessarium ad finem. Primo igitur modo necessitatis sunt tria sacramenta necessaria : duo quidem personæ singulari ; baptismus quidem simpliciter et absolutè ; pœnitentia autem supposito peccato mortali post baptismum. Sacramentum autem ordinis est necessarium Ecclesiæ, quia « ubi non est gubernator, populus corruet, » ut dicitur *Proverb.*, XI. Sed secundo modo sunt necessaria alia sacramenta ; nam confirmatio quodammodo perficit baptismum, extrema unctio pœnitentiam ; matrimonium verò Ecclesiæ multitudinem per propagationem conservat.

Ad primum ergo dicendum, quòd ad hoc quòd aliquid non sit superfluum, sufficit quòd sit necessarium primo vel secundo modo. Et sic sunt necessaria omnia sacramenta, sicut dictum est.

Ad secundum dicendum, quòd illud verbum Domini est intelligendum de spirituali manducatione, et non de sola sacramentali, ut Augustinus exponit *super Joan.* (Tract. XXVI).

Ad tertium dicendum, quòd, licèt omnium sacramentorum contemptus sit saluti contrarius, non tamen est contemptus sacramenti, ex hoc quòd aliquis non curat accipere sacramentum quod non est de necessitate salutis ; alioquin omnes qui non accipiunt ordinem, et qui non contrahunt matrimonium, contemnerent hujusmodi sacramenta.

M. Drioux (vol. III, p. 600-602).

quand on ne peut sans elle arriver à cette fin. C'est ainsi que la nourriture est nécessaire à la vie de l'homme. Ce qui est ainsi nécessaire pour une fin, l'est absolument. 2° On dit qu'une chose est nécessaire, quand on ne peut sans elle arriver convenablement à sa fin. C'est ainsi qu'un cheval est nécessaire pour voyager. Dans ce cas la nécessité n'est pas absolue. Il y a trois sacrements qui sont nécessaires de la première manière ; deux se rapportent à l'individu : le baptême qui est simplement et absolument nécessaire, et la pénitence qui l'est dans le cas où l'on vient à pécher mortellement après le baptême. Le sacrement de l'ordre est nécessaire à l'Église, parce que, selon la pensée du Sage (*Prov.* xi, 14). *Où il n'y a personne pour gouverner, le peuple périt.* Les autres sacrements sont nécessaires de la seconde manière. Car la confirmation est dans un sens le perfectionnement du baptême, l'extrême-onction celui de la pénitence, et le mariage conserve la société de l'Église en la propageant.

Il faut répondre au *premier* argument, que, pour qu'une chose ne soit pas superflue, il suffit qu'elle soit nécessaire de la première ou de la seconde manière ; et de la sorte tous les sacrements sont nécessaires, comme nous l'avons dit (*in corp. art.*).

Il faut répondre au *second*, que cette parole du Seigneur doit s'entendre de la manducation spirituelle et non de la manducation sacramentelle exclusivement, comme le dit saint Augustin (*Tract.* xxvi *sup. Joan.*).

Il faut répondre au *troisième* que, quoique le mépris de tous les sacrements soit contraire au salut, cependant il n'y a pas mépris d'un sacrement quand quelqu'un ne prend pas soin de s'en approcher, lorsqu'il n'est pas nécessaire au salut. Autrement tous ceux qui ne reçoivent pas l'ordre et qui ne se marient pas feraient mépris de ces sacrements.

M. Lachat (vol. XIII, p. 130-134).

il faut nécessairement de la nourriture pour conserver la vie de l'homme. Cette nécessité est absolue. 2° Une chose est encore nécessaire, en ce sens que, sans elle on n'atteint pas aussi convenablement à la fin : c'est ainsi qu'un cheval est nécessaire pour voyager. Cette seconde nécessité n'est pas absolue. Trois sacrements sont nécessaires à l'individu : le baptême, simplement et absolument ; la pénitence, dans le cas où le péché mortel est commis après le baptême. Le sacrement de l'ordre est nécessaire à l'Église considérée comme société, parce que, comme dit le Sage, *Prov.*, xi, 14 : « Là où personne ne gouverne, le peuple périra. » Les autres sacrements ne sont nécessaires que de la seconde manière. La confirmation, en effet, est sous quelque rapport le complément du baptême, et l'extrême-onction celui de la pénitence. Quant au mariage, il conserve par voie de propagation la société dont se compose l'Église.

Je réponds aux arguments : 1° Il suffit, pour qu'une chose ne soit pas superflue, qu'elle soit nécessaire de la première ou de la seconde manière ; et nous venons de voir que tous les sacrements sont nécessaires de l'une ou de l'autre.

2° Cette parole de Notre-Seigneur doit s'entendre de la manducation spirituelle, et non pas exclusivement de manducation sacramentelle, comme l'explique saint Augustin, *Tract.* XXVI *in Joannem.*

3° Il est vrai que le mépris de tout sacrement est contraire au salut. Mais ce n'est pas mépriser un sacrement que de ne pas avoir souci de s'en approcher, s'il n'est pas nécessaire pour le salut ; car, autrement, tous ceux qui ne reçoivent pas l'ordre, et ne contractent pas mariage, feraient mépris de ces deux sacrements.

SUPPLÉMENT DE LA SOMME THÉOLOGIQUE.

TRAITÉ DES SACREMENTS.

(SUITE).

Texte latin.

QUÆSTIO I.

DE PARTIBUS POENITENTIÆ IN SPECIALI, ET PRIMO DE CONTRITIONE, IN TRES ARTICULOS DIVISA.

Deinde considerandum est de singulis pœnitentiæ partibus. Et primò, de contritione; secundò, de confessione; tertiò, de satisfactione.

De contritione autem consideranda sunt quinque : primò, quid sit; secundò, de quo esse debeat; tertiò, quanta esse debeat; quartò, de duratione ipsius; quinto, de effectu ipsius.

Circa primum quæruntur tria : 1. Utrùm convenienter definiatur. 2° Utrùm contritio sit actus virtutis. 3° Utrùm attritio possit fieri contritio.

ARTICULUS I.

Utrùm contritio sit dolor peccatis assumptus, cum proposito confitendi et satisfaciendi.

Ad primum sic proceditur. Videtur quod contritio non sit dolor pro peccatis assumptus, cum proposito confitendi et satisfaciendi, ut quidam definiunt. Quia ut Augustinus dicit

M. Brioux (vol. VIII, p. 4, 2).

QUESTION I.

DES PARTIES DE LA PÉNITENCE EN PARTICULIER, ET D'ABORD DE LA CONTRITION.

Nous devons ensuite considérer chacune des parties de la pénitence et traiter : 1° de la contrition ; 2° de la confession ; 3° de la satisfaction. A l'égard de la contrition il y a cinq choses à examiner : 1° ce qu'elle est ; 2° ce qui en doit être l'objet ; 3° son étendue ; 4° sa durée ; 5° son effet. — Sur la première de ces choses il y a trois questions à faire : 1° Est-elle convenablement définie ? — 2° Est-elle un acte de vertu ? — 3° L'attrition peut-elle devenir contrition.

ARTICLE I.

La contrition est-elle une douleur qu'on a conçue de ses péchés, etc.?

1. Il semble que la contrition ne soit pas une douleur qu'on a conçue de ses péchés, avec le ferme propos de s'en confesser et de satisfaire, comme quelques-uns la définissent. Car, comme le dit saint Augus-

M. Lachat (vol. XIV, p. 140-144).

QUESTION I.

DES PARTIES DE LA PÉNITENCE CONSIDÉRÉES EN PARTICULIER.

Nous allons traiter des parties de la pénitence considérées en particulier : premièrement, de la contrition ; deuxièmement, de la confession ; troisièmement, de la satisfaction.

Relativement à la seconde partie de la pénitence, nous parlerons : premièrement, de la nature de la contrition ; deuxièmement, de son objet ; troisièmement, de son étendue ; quatrièmement, de sa durée ; cinquièmement enfin, de son effet.

Sur la nature de la contrition on demande trois choses : 1° La contrition est-elle la douleur du péché conçue avec le propos de se confesser et de satisfaire à la justice divine? 2° La contrition est-elle une vertu? L'attrition peut-elle devenir contrition?

ARTICLE I.

La contrition est-elle la douleur du péché conçue avec le propos de se confesser et de satisfaire à la justice divine?

Il paroît que la contrition n'est pas la douleur du péché conçue avec le propos de se confesser et de satisfaire à la justice divine. 1° Saint Augustin dit, De Civit. Dei : « Nous avons la douleur des choses

Texte latin.

in lib. *De Civit. Dei*, « dolor est de his quæ nobis nolentibus accidunt. » Sed peccata non sunt hujusmodi. Ergo contritio non est dolor pro peccatis.

2. Præterea, contritio nobis à Deo datur. Sed quod datur, non assumitur. Ergo contritio non est dolor assumptus.

3. Præterea, satisfactio et confessio sunt necessaria ad hoc, quod pœna remittatur, quæ in contritione remissa non fuit. Sed quandoque tota pœna in contritione remittitur. Ergo non est necessarium semper, quòd contritus habeat propositum confitendi et satisfaciendi.

Sed contra est, ipsa definitio.

(CONCLUSIO. — Cùm definitio illa : « Contritio est dolor pro peccatis assumptus cum proposito confitendi et satisfaciendi, » definitio naturam tum ut est actus virtutis, tum ut pars est sacramenti, ordinem habens ad alias ejusdem sacramenti, partes, rectè explicet; eam convenientem esse negari non potest.)

Respondeo dicendum, quòd (ut dicitur *Ecclesiast.*, X) : « Initium omnis peccati est superbia, » per quam homo sensu suo inhærens à mandatis divinis recedit : et ideo oportet, quòd illud quod destruit peccatum, hominem à proprio sensu discedere faciat. Ille

M. Drioux (vol. VIII, p. 1, 2.)

tin (*De civ. Dei*, lib. xiv, cap. 6), la douleur a pour objet ce qui nous arrive contrairement à notre volonté. Or, les péchés n'ont pas ce caractère. La contrition n'est donc pas une douleur qui se rapporte aux péchés.

2. La contrition est un don qui nous vient de Dieu. Or, ce qui est donné n'est pas conçu. La contrition n'est donc pas une douleur que nous avons conçue.

3. La satisfaction et la confession sont nécessaires pour qu'on obtienne la rémission de la peine qui n'a pas été remise tout entière dans la contrition. Il n'est donc pas toujours nécessaire que celui qui est contrit ait le ferme projet de se confesser et de satisfaire.

Mais au *contraire* il faut s'en tenir à la définition précédente.

CONCLUSION. — Puisqu'en disant que la contrition est une douleur que l'on a conçue de ses péchés avec le ferme propos de s'en confesser et de satisfaire, cette définition explique la nature de l'objet défini, soit que l'on considère la contrition comme un acte de vertu, soit qu'on la considère comme une partie de la pénitence ayant un rapport avec les autres parties de ce même sacrement; on ne peut nier qu'elle ne soit convenable.

Il faut répondre que comme il est dit (*Eccli.* x, 15) que le *commencement de tout péché est l'orgueil* par lequel l'homme s'écarte des préceptes de Dieu en s'attachant à son propre sens, il s'ensuit qu'il faut que ce qui détruit le péché amène l'homme à renoncer à son propre sens. Or, celui qui persévère dans

M. Lachat (vol. XIV, p. 443, 144.)

qui arrivent contre notre volonté. » Or le péché n'arrive pas contre notre volonté. Donc la contrition n'est pas la douleur du péché.

2° La contrition nous est donnée par Dieu. Or, on ne dit pas *conçu* ce qui est donné. Donc la contrition n'est pas une douleur conçue.

3° La confession et la satisfaction ne sont nécessaires que pour remettre la peine qui n'a pas été remise par la contrition. Or la contrition remet quelquefois toute la peine du péché. Donc la contrition ne doit pas toujours renfermer le propos de se confesser et de satisfaire à la justice divine.

Mais notre définition est donnée par tous les docteurs.

(CONCLUSION. — On doit admettre la définition qui dit : La contrition est la douleur du péché conçue avec le propos de se confesser et de satisfaire à la justice divine; car cette définition explique non-seulement le sens du mot, mais encore la nature de la contrition, soit comme acte de la vertu de pénitence, soit comme partie du sacrement, tout en faisant ressortir ses rapports avec les autres parties du saint mystère.)

Comme nous l'apprennent les oracles célestes, *Eccl.*, X, 15, « le principe de tout péché est l'orgueil, » par lequel l'homme s'attache à son sens propre et s'éloigne des préceptes divins; ce donc qui remet le péché doit détacher l'homme de son sens particulier. Et l'homme qui se roidit opiniâtre-

Texte latin.

autem qui in suo sensu, perseverat rigidus et durus per similitudinem vocatur; sicut *durum* in materialibus dicitur, quod non cedit tactui : unde et frangi dicitur aliquis, quando a suo sensu divellitur. Sed inter fractionem et comminutionem sive contritionem in rebus materialibus (unde hæc nomina ad spiritualia transferuntur), hoc interest, ut dicitur in IV *Meteor.* (cap. 7 et 9), quod frangi dicuntur aliqua quando in magnas partes dividuntur; sed comminui vel conteri quando ad partes minimas reducitur hoc quod in solidum erat. Et quia ad remissionem peccati requiritur, quòd *affectum peccati homo totaliter dimittat, quem per quamdam continuitatem et soliditatem in sensu suo habebat;* ideo actus ille, quo peccatum dimittitur, contritio dicitur per similitudinem.

M. Drioux (vol. VIII, p. 291, 293).

son propre sens est appelé par analogie roide et dur, comme dans les choses matérielles on appelle dur ce qui ne cède pas au tact. D'où l'on dit que quelqu'un est brisé quand il est arraché à son propre sens. Mais entre le mot briser et le mot écraser ou broyer (*contritio*), dans les choses matérielles (auxquelles on emprunte ces expressions pour les appliquer aux choses spirituelles) il y a cette différence, comme l'observe Aristote (*Met.* lib. IV, cap. 12 et 9), c'est qu'on dit qu'une chose est brisée quand elle est divisée en parties qui sont encore considérables, au lieu qu'on se sert du mot écraser ou broyer quand ce qui était solide en soi se réduit aux parties les plus petites. Et parce que pour la rémission du péché on requiert que l'homme abandonne totalement l'affection qu'il avait pour lui, et qu'il avait attaché à son propre sens, on donne pour ce motif par analogie le nom de contrition à l'acte par lequel le péché est remis.

M. Lachat (vol. XV, p. 150, 154).

ment dans sa volonté propre, on l'appelle inflexible et dur, par similitude avec les corps qui ne cèdent point sous la pression des objets extérieurs; et quand cet homme sort enfin de son obstination, on dit que sa volonté est brisée. Mais entre briser et triturer (mots qu'on emprunte aux choses matérielles pour les attribuer aux choses spirituelles), le Philosophe remarque la différence que voici : *briser* indique qu'un objet compacte et solide est partagé en grands éclats, mais *triturer* dit qu'il est divisé en petites parties. Et comme le pécheur doit, pour obtenir miséricorde, abandonner l'affection qui l'attache au mal, le sens propre qui forme dans son âme comme une masse compacte, endurcie, on appelle figurément *contrition* l'acte qui concourt à la rémission du péché.

SUPPLÉMENT.

TRAITÉ DU MARIAGE.

Texte latin.

Præterea, servus potest nolente domino uxorem ducere, ut dictum est (art. præced.). Ergo eadem ratione, vir potest domino se subjicere nolente uxore.

(CONCLUSIO. — Vir cùm subjiciatur uxori in

M. Drioux (vol. VIII, p. 291, 293).

ARTICLE III.

La servitude peut-elle subvenir au mariage ? (Suite.)

Le serf peut se marier sans le consentement de son seigneur, comme nous l'avons dit (art. préc.). Donc pour la même raison l'homme peut se soumettre au seigneur sans que l'épouse le veuille:

CONCLUSION. — L'homme n'étant soumis à la

M. Lachat (vol. XV, p. 150, 154).

ARTICLE III.

La servitude peut-elle naître après le mariage ? (Suite.)

Un esclave peut prendre une épouse contre le gré de son maître, nous venons de le voir. Pour la même raison donc, le mari peut s'assujettir à un maître contre la volonté de son épouse.

(CONCLUSION. — Puisque le mari n'est assujetti à

his tantùm quæ ad actum naturæ spectant, potest alteri se dare in servum absque suæ uxoris consensu.)

femme que dans ce qui regarde l'acte de la nature, peut se donner en servitude à un autre sans le consentement de sa femme.

son épouse que pour les choses qui tiennent à l'acte naturel du mariage, il peut se donner comme esclave sans le consentement de son épouse.)

Respondeo dicendum, quòd vir subditur uxori solùm in his quæ ad actum naturæ pertinent, in quibus sunt æquales, ad quæ servitutis subjectio se non extendit; et ideo vir nolente uxore, potest se alteri in servum dare. Non tamen ex hoc matrimonium dissolvetur, quia nullum impedimentum matrimonii superveniens potest dissolvere ipsum, ut dictum est (qu. 50, art. 1, ad 7).

Il faut répondre que l'homme n'est soumis à la femme que dans les choses qui appartiennent à l'acte de nature, dans lesquelles ils sont égaux et auxquelles la soumission de la servitude ne s'étend pas. C'est pourquoi l'homme peut se donner en servitude à un autre sans le consentement de sa femme. Cependant le mariage n'est pas pour cela dissous, parce qu'aucun empêchement qui survient au mariage ne peut le dissoudre, comme nous l'avons dit (quest. L, art. 1 ad 7).

Le mari n'est assujetti à son épouse que pour les choses qui tiennent à l'acte naturel du mariage. Sous ce rapport, ils sont égaux, et l'assujettissement résultant de la servitude ne s'étend pas à cela. Le mari peut, par conséquent, se donner comme esclave sans le consentement de son épouse. Le mariage n'est cependant pas dissous pour cela, puisque aucun empêchement surgissant après le contrat, ne peut le rompre.

Ad primum ergo dicendum, quòd fraus benè potest nocere ei qui fraudem facit, sed non potest alteri præjudicium generare. Et ideo, si vir in fraudem uxoris se alteri det in servum, ipse damnum reportat, inæstimabile bonum libertatis amittens. Sed uxori nullum potest ex hoc præjudicium generari, quin teneatur reddere debitum petenti, et ad omnia quæ matrimonium requirit; non enim potest ab his retrahi domini sui præcepto.

Il faut répondre au premier argument, que la fraude peut bien nuire à celui qui la fait, mais elle ne peut porter préjudice à un autre. C'est pourquoi si un homme se donne en servitude à un autre en fraude de sa femme, il en supporte la peine en perdant le bien inestimable de la liberté ; sed uxori nullum potest ex hoc præjudicium generari, quin teneatur reddere debitum petenti, et ad omnia quæ matrimonium requirit; non enim potest ab his retrahi domini sui præcepto.

Je réponds aux arguments : 1° La fraude peut bien nuire à celui qui la commet, mais elle ne sauroit se donne comme esclave par fraude, afin de se soustraire aux obligations qu'il a contractées envers son épouse, il en supporte lui-même le dommage, en perdant l'inestimable bien de la liberté ; mais il ne peut résulter de là pour l'épouse aucun préjudice, comme s'il n'étoit plus tenu de lui rendre le devoir lorsqu'elle l'exigera, et de faire tout ce que demande le mariage ; car les ordres de son maître ne suffisent pas pour le détourner de remplir ces obligations.

Ad secundum dicendum, quòd quantum ad hoc quòd servitus matrimonio repugnat, matrimonium servituti præjudicat, quia tunc servus tenetur uxori debitum reddere, etiam nolente domino.

Il faut répondre au second, qu'en tant que la servitude répugne au mariage, le mariage préjudicie à la servitude ; quia tunc servus tenetur uxori debitum reddere, etiam nolente domino.

2° L'opposition qui existe entre la servitude et le mariage est de telle nature, que c'est le mariage qui porte préjudice à la servitude, puisque l'esclave est tenu de rendre le devoir à son épouse, même contre la volonté de son maître.

40

Ad tertium dicendum, quòd, quamvis in actu matrimoniali, et in his quæ ad naturam spectant, ad paria vir et uxor judicentur, ad quæ conditio servitutis se non extendit, tamen quantùm ad dispensationem domûs, et ad alia hujusmodi superaddita, vir est caput uxoris, et debet corrigere eam, non autem è converso. Et ideò uxor non potest se dare in ancillam nolente viro.

Ad quartum dicendum, quòd ratio illa procedit de rebus corruptibilibus, in quibus etiam multa impediunt generationem, quæ non sufficiunt ad destruendam rem generatam. Sed in rebus perpetuis potest impedimentum præstinare res talis esse incipiat, non autem ut eam desistat, sicut patet de anima rationali. Et similiter etiam est de matrimonio, quod est perpetuum vinculum, præsenti vitâ manente.

ARTICULUS IV.

Utrùm filii debeant sequi conditionem patris.

Ad quartum sic proceditur. Videtur quòd filii debeant sequi conditionem patris. Quia denominatio fit à digniori. Sed pater in generatione est dignior quàm mater. Ergo, etc.

2. Præterea, esse rei magis dependet à formâ quàm à materiâ. Sed in generatione, pater dat formam, et mater materiam, ut dicitur XVI.

Il faut répondre au *troisième*, que quoique dans l'acte du mariage et dans les choses qui regardent la nature et auxquelles la condition de la servitude ne s'étend point, l'homme et la femme soient jugés sur le pied de l'égalité, cependant quant à l'administration de la maison et aux autres choses de ce genre qui sont surajoutées à la nature, l'homme est le chef de la femme et doit la corriger et non réciproquement. C'est pourquoi l'épouse ne peut se donner en servitude sans le consentement de son mari.

Il faut répondre au *quatrième*, que ce raisonnement s'appuie sur les choses corruptibles, parmi lesquelles il y en a beaucoup qui empêchent la génération et qui ne suffisent pas pour détruire la chose engendrée. Mais dans les choses perpétuelles il peut y avoir des empêchements capables d'empêcher la chose de commencer d'être, mais qui ne peuvent la faire cesser une fois qu'elle existe, comme on le voit à l'égard de l'âme raisonnable. Il en est de même du mariage qui est un lien perpétuel, tant que dure la vie présente.

ARTICLE IV.

Les enfants doivent-ils suivre la condition du père?

1. Il semble que les enfants doivent suivre la condition du père. Car la dénomination se tire de ce qu'il y a plus de noble. Or, dans la génération le père est plus noble que la mère. Donc, etc.

2. L'être d'une chose dépend de la forme plus que de la matière. Or, dans la génération c'est le père qui donne la forme et la mère la matière, selon l'expres

---

3° Quoique le mari et l'épouse soient considérés comme égaux dans l'acte conjugal, ainsi que dans les choses qui tiennent à la nature, et auxquelles ne s'étend pas la condition de la servitude, cependant, pour ce qui est du gouvernement domestique et pour tout ce qui s'ajoute à la nature, le mari est le chef de l'épouse, et il doit la corriger ; mais la réciproque n'est pas vraie. L'épouse ne peut donc s'engager dans l'esclavage malgré son mari.

4° Cette raison est prise dans l'ordre des êtres corruptibles ; et toutefois, même dans cet ordre, beaucoup de choses empêchent la production d'un être, qui ne suffisent plus pour le détruire, lorsqu'il est une fois produit. Mais quand il s'agit des êtres perpétuels, il peut bien se rencontrer un empêchement qui s'oppose à ce qu'un être commence d'exister, mais il n'a pas la vertu de lui retirer l'existence : nous en avons une preuve dans l'âme raisonnable. Il en est de même pour le mariage, qui est un lien perpétuel, tant que dure la vie présente.

ARTICLE IV.

Les enfants doivent-ils suivre la condition du père?

Il paroît que les enfants doivent suivre la condition du père. 1° La dénomination d'un produit se tire du plus noble de ses principes. Or, dans la génération, le père est supérieur à la mère. Donc, etc.

2° L'être d'une chose dépend plus de sa forme que de sa matière. Or Aristote observe, *De Animalibus*, lib. XVI, que c'est le père qui donne la forme dans

De animalibus (vel *De generat. animalium*, lib. II, cap. 4). Ergo debet magis sequi proles patrem quàm matrem.

3. Præterea, illud præcipuè debet aliquid sequi, cui magis assimilatur. Sed filius plus assimilatur patri, quàm matri, sicut et filia plus matri. Ergo ad minus filius plus debet sequi patrem, et filia matrem.

4. Præterea, in sacra Scriptura non computatur genealogia per mulieres, sed per viros. Ergo proles magis sequitur patrem quàm matrem.

Sed contra; si quis seminat in terra aliena, fructus sunt ejus cujus est terra. Sed venter mulieris respectu seminis viri, est sicut terra respectu sementis. Ergo, etc.

Præterea, in aliis animalibus quæ ex diversis speciebus nascuntur, hoc videmus, quòd partus magis sequitur matrem quàm patrem. Unde muli qui nascuntur ex equa et asino, magis assimilantur equabus, quàm illi qui nascuntur ex asina et equo. Ergo similiter debet esse in hominibus.

Conclusio. — Cùm ex parte substantiæ corporalis, quæ à matre trahitur, servitutis conditio attendatur, rationabilier proles matrem potiùs sequitur in libertatis et servitutis conditione quàm patrem; quanquam in quibusdam terris, quæ jure civili non reguntur, partus deteriorem sequatur conditionem.

---

sion d'Aristote (*De animalib.* lib. xvi, seu *De generat. anim.* lib. ii, cap. 4, aliquant, à princ.). Les enfants doivent donc suivre le père plutôt que la mère.

3. On doit principalement suivre celui auquel on ressemble le plus. Or, le fils ressemble plus au père qu'à la mère, comme la fille ressemble plus à la mère. Donc le fils doit au moins suivre la condition du père, et la fille la condition de la mère.

4. Dans l'Écriture on ne dresse pas la généalogie d'après les femmes, mais d'après les hommes. Donc les enfants suivent le père plutôt que la mère.

Mais c'est le *contraire*. Si on sème sur la terre d'autrui, les fruits appartiennent au maître de la terre. Or, la femme est par rapport à l'homme ce qu'une terre est par rapport à la semence. Donc, etc.

Dans les animaux qui naissent de différentes espèces on remarque que les petits tiennent plus de la mère que du père. Ainsi les mulets qui naissent d'une cavale et d'un âne ressemblent plus aux chevaux que ceux qui naissent d'une ânesse et d'un cheval. Il doit donc en être de même pour les hommes.

CONCLUSION. — Puisque la condition de la servitude se considère par rapport à la substance corporelle qui vient de la mère, il est raisonnable que par rapport à la condition de la liberté et de la servitude l'enfant suive la mère plutôt que le père, quoique dans certains pays qui ne sont pas régis par le droit civil, l'enfant suive la pire condition.

---

la génération, et que la mère donne la matière. L'enfant doit donc suivre le père plutôt que la mère.

3° Un être doit suivre de préférence celui auquel il ressemble le plus. Or le fils ressemble plus au père, et la fille plus à la mère. Le fils au moins doit donc suivre le père, et la fille suivra la mère.

4° La sainte Écriture n'établit pas les généalogies par les femmes, mais par les hommes. L'enfant doit donc suivre le père plutôt que la mère.

Mais, au contraire, si l'on sème dans le terrain d'autrui, les fruits appartiennent au propriétaire du fonds. Or voilà ce qui arrive dans la génération.

Nous voyons que les animaux produits par le croisement d'espèces diverses suivent plutôt la mère que le père. Ainsi un mulet né d'une jument et d'un âne, ressemble beaucoup plus à la jument que celui qui naît d'une ânesse et d'un cheval. Il doit donc en être de même pour les hommes.

(CONCLUSION. — Puisque la condition de la servitude affecte la substance corporelle, qui vient de la mère, il est raisonnable que l'enfant suive sa mère plutôt que son père dans la condition de la servitude et de la liberté; bien que, dans certains pays qui ne sont pas sous l'empire du droit civil, l'enfant suive la condition la moins favorable.)

Texte latin. | **M. Drioux** (vol. VIII, p. 201, 202). | **M. Lachat** (vol. XV, p. 153-154).

Respondeo dicendum, quòd, secundùm leges civiles, partus sequitur ventrem, et hoc rationabiliter, quia proles habet à patre complementum formale, sed à matre substantiam corporis. Servitus autem corporalis conditio est, cùm servus sit quasi instrumentum domini in operando. Et ideo proles in libertate et servitute sequitur matrem; sed in his quæ pertinent ad dignitatem, quæ est forma rei, sequitur patrem, sicut in honoribus et municipiis, et hæreditate, et aliis hujusmodi. Et huic etiam concordant canones et lex Moysi, ut patet *Exod.*, **XXI**. In quibusdam tamen terris quæ jure civili non reguntur, partus sequitur deteriorem conditionem, ut si pater sit servus, quamvis mater sit libera, erunt filii servi; non tamen si post peractum matrimonium pater se in servum dedit nolente uxore, et similiter si sit è converso. Si autem uterque sit servilis conditionis, et pertineant ad diversos dominos, tunc dividunt filios, si plures sint, vel si unus tantùm, unus alteri recompensabit de pretio, et accipiet prolem natam in sui servitium: Tamen non est credibile quòd talis consuetudo possit esse ita rationabilis, sicut illud quod multorum sapientum diuturno consilio determinatum est. Hoc etiam in naturalibus invenitur, quòd « receptum est in recipiente per modum recipientis, et non per modum dantis. »

Il faut répondre que d'après les lois civiles (lib. xix ff. *De stat. hom.* et lib. vii, cap. *De rei vendit.*), l'enfant suit la mère. Ce qui est raisonnable; parce que l'enfant reçoit du père son complément formel, mais il tient de sa mère la substance de son corps. La servitude étant une condition corporelle, puisque le serf est, pour ainsi dire, l'instrument dont le seigneur se sert dans ses opérations, il s'ensuit que l'enfant suit la mère sous le rapport de la liberté et de la servitude. Mais en ce qui regarde la dignité, comme elle vient de la forme de la chose, l'enfant suit le père, comme dans les honneurs, les charges, l'héritage et les autres avantages de cette nature. Les canons sont d'ailleurs d'accord sur ce point avec les lois civiles (cap. *Liberi* xxxi, quæst. vi in Glos. et cap. *Indecens*, De natis ex libero ventre) ainsi que la loi de Moïse, comme on le voit (*Ex.* xxi). Cependant dans certains pays qui ne sont pas régis par le droit civil, l'enfant suit la condition du père, de manière que si le père est serf, quoique la mère soit libre, les enfants doivent être serfs. Mais il ne le deviennent pas, si après le mariage contracté, le père se donne en servitude, malgré la mère. Il en est de même si c'est le contraire. S'ils sont l'un et l'autre de condition servile et qu'ils appartiennent à des maîtres divers, alors ils partagent les enfants s'il y en a plusieurs; ou s'il n'y en a qu'un, celui qui prend l'enfant à son service doit payer à l'autre une certaine somme à titre de compensation. Toutefois on ne peut pas croire que cette coutume puisse être aussi raisonnable que ce qui a été arrêté d'après les conseils expérimentés d'une foule de sages. D'ailleurs dans la nature, on voit que ce qui est reçu dans un objet existe à la manière de celui qui le reçoit et non à la manière de celui qui le donne. C'est

C'est un axiome du droit civil, que le fruit suit le ventre. Cela est raisonnable; car l'enfant reçoit du père son complément formel, mais c'est la mère qui donne la substance de son corps. Or la condition de la servitude affecte le corps, puisque, dans ses actes, l'esclave est comme l'instrument du maître. L'enfant suit donc la mère dans la liberté et l'état de servitude, mais en ce qui touche la dignité, qui a pour principe la forme de l'être, il suit le père : par exemple, dans les honneurs, les charges, l'héritage et tous les avantages analogues. Le droit canon et la loi mosaïque sont d'accord sur ce point avec le droit civil. Cependant, dans quelques contrées qui ne sont pas régies par le droit civil, l'enfant suit la condition la moins favorable, en sorte que, si le père est esclave, les enfants le sont aussi, bien que la mère soit libre : il n'en est pas ainsi, toutefois, quand, après le mariage, le père se livre comme esclave contre le gré de son épouse, ou que la mère fait de même malgré son mari. S'ils sont l'un et l'autre de condition servile, et qu'ils appartiennent à divers maîtres, ceux-ci partagent les enfants, lorsqu'il y en a plusieurs, ou bien, s'il n'y en a qu'un seul, un des maîtres paie à l'autre une indemnité, et prend l'enfant à son service exclusif. Il n'est pourtant pas croyable que cette coutume puisse être aussi raisonnable que celle qui repose sur le sentiment et les longues réflexions d'un grand nombre de sages. Nous voyons, du reste, que, même dans l'ordre naturel, la chose reçue est dans le sujet qui la reçoit suivant le mode d'existence de celui-ci, et non suivant le mode d'existence de celui qui la donne. Il est donc raisonnable

Texte latin. | **M. Drioux** (vol. VIII, p. 394, 395). | **M. Lachat** (vol. XV, p. 153-154).

Et ideo rationale est quòd semen receptum in muliere ad conditionem ipsius trahatur.

Ad primum ergo dicendum, quòd quamvis pater sit dignius principium matre, tamen mater dat substantiam corporalem, ex parte cujus attenditur conditio servitutis.

Ad secundum dicendum, quòd in his quæ ad rationem speciei pertinent, magis assimilatur filius patri quàm matri. Sed in materialibus conditionibus, magis debet assimilari matri quàm patri, quia res habet à forma esse specificum, sed conditiones materiales habet à materia.

Ad tertium dicendum, quòd filius assimilatur patri ratione formæ, quam habet in sui complemento, sicut et pater. Et ideo ratio non est ad propositum.

Ad quartum dicendum, quòd, quia honor filii magis est ex patre quàm ex matre, ideo in genealogiis, in Scripturis, et secundùm communem consuetudinem, magis nominantur filii à patre quàm à matre; tamen in his quæ ad servitutem spectant, magis matrem sequuntur.

---

pourquoi il est raisonnable que l'enfant né de la femme suive sa condition.

Il faut répondre au *premier* argument, que quoique le père soit un principe plus noble que la mère, cependant la mère donne la substance corporelle d'après laquelle la condition de la servitude s'envisage.

Il faut répondre au *second*, qu'en ce qui appartient à la nature de l'espèce, l'enfant ressemble plus au père qu'à la mère. Mais pour les conditions matérielles il doit plus ressembler à la mère qu'au père, parce que la chose tire de la forme son être spécifique, au lieu qu'elle tire de la matière ses conditions matérielles.

Il faut répondre au *troisième*, que l'enfant ressemble au père par rapport à la forme qu'il reçoit dans le complément de son être; c'est pourquoi cette raison ne prouve rien relativement à la thèse actuelle.

Il faut répondre au *quatrième*, que l'honneur de l'enfant provenant du père plus que de la mère, dans les généalogies, dans les Écritures et selon la loi commune les enfants tirent leur nom de leur père plutôt que de leur mère; mais pour ce qui regarde la servitude ils suivent plutôt la mère.

---

que ce que la femme reçoit dans la génération soit réduit à sa condition.

Je réponds aux arguments : 1° Quoique le père soit un principe plus noble que la mère, c'est cependant la mère qui donne la substance corporelle, sur laquelle tombe directement la condition de la servitude.

2° En ce qui touche à la nature de l'espèce, le fils ressemble plus au père qu'à la mère. Mais en ce qui tient aux conditions matérielles, il doit ressembler plus à la mère qu'au père; car chaque être tire de sa forme son être spécifique, mais ses conditions matérielles lui viennent de sa matière.

3° Le fils ressemble à son père par la forme, et cette forme est pour lui, aussi bien que pour son père, le complément de son être. L'argument est donc en dehors de la question.

4° Dans les généalogies de la sainte Écriture et suivant la coutume générale, les enfants tirent leur nom du père plutôt que de la mère, parce que le fils reçoit plus d'honneur de son père que de sa mère; mais pour ce qui est de la servitude, les enfants suivent de préférence leur mère.

(121) Texte latinaire: 5.88   M. Drioux (vol. VIII, 291, 293)   M. Lachat (vol. XV, p. 450, 454).

QUÆSTIO LIII.

DE IMPEDIMENTO VOTI ET ORDINIS, IN QUATUOR ARTICULOS DIVISA.

Deinde considerandum est de impedimento voti et ordinis.

Circa quod quæruntur quatuor ; 1° Utrùm votum simplex matrimonium dirimat; 2° Utrùm votum solemne; 3° Utrùm ordo matrimonium impediat; 5° Utrùm aliquis post matrimonium sacrum ordinem suscipere possit.

ARTICULUS I.

Utrùm per obligationem voti simplicis matrimonium contractum dirimi debeat.

Ad primum sic proceditur. Videtur quòd per obligationem voti simplicis matrimonium contractum dirimi debeat. Fortius enim vinculum debiliori præjudicat. Sed vinculum voti est fortius quàm vinculum matrimonii, quia hoc fit homini, illud autem Deo. Ergo vinculum voti præjudicat vinculo matrimonii.

2. Præterea, præceptum Dei non est minus quàm præceptum Ecclesiæ. Sed præceptum Ecclesiæ adeò obligat, quòd si contra ipsum matrimonium contrahatur, dirimitur, sicut patet de illis qui contrahunt in aliquo gradu consanguinitatis ab Ecclesia prohibito. Ergo, cùm servare votum sit præceptum divinum,

QUESTION LIII.

DE L'EMPÊCHEMENT DU VŒU ET DE L'ORDRE.

Nous devons ensuite nous occuper de l'empêchement du vœu et de l'ordre. A cet égard quatre questions se présentent : 1° Le vœu simple dirime-t-il le mariage? — 2° Le vœu solennel le dirime-t-il? — 3° L'ordre empêche-t-il le mariage? — 4° Peut-on recevoir les ordres sacrés après le mariage?

ARTICLE I.

Le mariage contracté doit-il être dirimé par l'obligation du vœu simple?

1. Il semble que le mariage contracté doive être dirimé par l'obligation du vœu simple. Car un lien plus fort porte préjudice à un lien plus faible. Or, le lien du vœu est plus fort que le lien du mariage; parce que l'un se rapporte à l'homme et l'autre se rapporte à Dieu. Le lien du vœu préjudicie donc au lien du mariage.

2. Un précepte de Dieu n'est pas moindre qu'un précepte de l'Église. Or, le précepte de l'Église oblige tellement que si l'on se marie contrairement à lui le mariage est dirimé, comme on le voit à l'égard de ceux qui se marient dans un degré de consanguinité prohibé par l'Église. Par conséquent puisqu'il est de précepte divin d'observer le vœu, il

QUESTION LIII.

DE L'EMPÊCHEMENT DU VŒU ET DE L'ORDRE.

Passons aux deux empêchements du vœu et de l'ordre.

Nous avons à répondre à quatre questions : 1° Le vœu simple annule-t-il le mariage? 2° Le vœu solennel a-t-il cette vertu? 3° L'ordre est-il un empêchement de mariage? 4° Peut-on recevoir les ordres sacrés après le mariage?

ARTICLE I.

L'obligation attachée au vœu simple doit-elle annuler le mariage contracté?

Il paroît que l'obligation attachée au vœu simple doit annuler le mariage contracté. 1° Un lien plus fort préjudicie à un lien plus faible. Or le lien du vœu est plus fort que celui du mariage ; car le mariage n'engage qu'envers l'homme, au lieu que le vœu oblige envers Dieu. Le lien du vœu préjudicie donc au lien du mariage.

2° Les préceptes divins ne sont pas inférieurs aux préceptes ecclésiastiques. Or certains préceptes ecclésiastiques imposent une obligation tellement grave, que le mariage est annulé, quand on le contracte contrairement à ces lois; et c'est ce qui arrive pour ceux qui se marient dans un degré de consanguinité prohibé par l'Église. Puis donc que la loi

Texte latin. | **M. Drioux** (vol. VIII, p. 294, 293). | **M. Lachat** (vol. XV, p. 434).

videtur quòd si quis contra votum matrimonium contrahit, ex hoc matrimonium sit dirimentum.

3. Præterea, in matrimonio potest homo uti carnali copulâ sine peccato. Sed ille qui facit votum simplex castitatis, nunquam potest carnaliter uxori commisceri sine peccato. Ergo votum simplex matrimonium dirimit. Probatio mediæ. Constat quòd ille qui post votum simplex continentiæ, matrimonium contrahit, peccat mortaliter, quia, secundùm Hieronymum, « virginitatem voventibus non solùm nubere, sed velle nubere damnabile est. » Sed contractus matrimonii non est contra votum continentiæ, nisi ratione carnalis copulæ. Ergo quando primò carnaliter commiscetur uxori, mortaliter peccat, et, eadem ratione, omnibus aliis vicibus, quia peccatum primò commissum non potest excusare peccata sequentia.

4. Præterea, vir et mulier in matrimonio debent esse pares, præcipuè quantùm ad carnalem copulam. Sed ille qui votum simplex continentiæ facit, nunquam potest petere debitum sine peccato, quia hoc est manifestè contra votum continentiæ, ad quam ex voto tenetur. Ergo nec reddere potest sine peccato.

---

semble que si l'on se marie contrairement à un vœu que l'on a fait, le mariage doive être par là même dirimé.

3. Præterea, in matrimonio potest homo uti carnali copulâ sine peccato. Sed ille qui facit votum simplex castitatis, nunquam potest carnaliter uxori commisceri sine peccato. Ergo votum simplex matrimonium dirimit. Probatio medii. Constat quòd ille qui post votum simplex continentiæ matrimonium contrahit, peccat mortaliter, quia secundùm Hieronymum, Augustinum (De bono viduit. cap. 9), « virginitatem voventibus, non solùm nubere, sed velle nubere damnabile est. » Sed contractus matrimonii non est contra votum continentiæ, nisi ratione carnalis copulæ. Ergo quando primò carnaliter commiscetur uxori, mortaliter peccat : et eâdem ratione omnibus aliis vicibus, quia peccatum primò commissum non potest excusare a peccato sequenti.

4. Præterea, vir et mulier in matrimonio debent esse pares, præcipuè quantùm ad carnalem copulam. Sed ille qui votum simplex continentiæ facit, nunquam potest petere debitum sine peccato, quia hoc est manifestè contra votum continentiæ, ad quam ex voto tenetur. Ergo nec reddere potest sine peccato.

---

divine commande d'observer les vœux, il paroît que si quelqu'un contracte au mépris du vœu qu'il a fait, ce mariage doit être rompu.

5° Tout homme engagé dans le mariage peut en user sans pécher. Or quiconque a fait le vœu simple de chasteté, ne peut jamais user du mariage sans pécher. Le vœu simple dirime donc le mariage. La mineure se prouve ainsi. Il est certain qu'une personne qui se marie après avoir fait le vœu simple de chasteté pèche mortellement; car saint Augustin dit, De bono viduit., cap. 8 : « Les personnes qui ont fait vœu de virginité encourent la damnation, non-seulement quand elles se marient, mais même quand elles le veulent faire. » Or l'usage du mariage est la seule chose qui fait que le contrat est opposé au vœu de chasteté. Si ce vœu existe, le premier acte de cette nature est donc un péché mortel, et, pour la même raison, il en est ainsi de tous les autres, puisqu'un premier péché ne peut excuser les péchés subséquents.

4° L'homme et la femme doivent être égaux dans le mariage, surtout en ce qui en concerne l'usage. Or celui des deux qui fait le vœu de chasteté, ne peut jamais sans pécher demander le devoir, car cela est manifestement contraire au vœu par lequel il s'est obligé à garder la chasteté. Il ne peut donc pas non plus le rendre sans pécher.

SUPPLÉMENT.

TRAITÉ DE LA RÉSURRECTION.

ARTICLE.

Les saints après la résurrection verront-ils Dieu des yeux du corps ? (Suite).

Texte latin.

Respondeo dicendum, quòd sensu corporali aliquid sentitur dupliciter : uno modo per se, alio modo per accidens. *Per se* quidem sentitur illud quod per se passionem sensui corporali inferre potest. Per se autem potest aliquid passionem inferre aut sensui, in quantum est sensus, aut huic sensui, in quantum est hic sensus. Quod autem hoc secundo modo infert per se passionem sensui, dicitur sensibile proprium, sicut color respectu visûs, et sonus respectu auditûs. Quia autem sensus, in quantum est sensus, utitur organo corporali, non potest in eo aliquid recipi nisi corporaliter, cùm omne illud quod recipitur in aliquo, sit in eo per modum recipientis. Et ideo omnia sensibilia inferunt passionem sensui in quantum est sensus, secundùm quòd habent magnitudinem. Et ideo magnitudo et omnia consequentia, ut motus et quies, et numerus, et hujusmodi, dicuntur sensibilia communia, per se tamen. Per accidens autem sentitur illud quod non infert passionem sensui, neque in quantum est sensus, neque in quantum est hic sensus; sed conjungitur his quæ per se sensui inferunt passionem, sicut Socrates, et filius Diaris, et amicus, et alia hujusmodi, quæ per se cognoscuntur, in universali, ab intellectu,

M. Drioux (vol. VIII, p. 626, 628).

Il faut répondre qu'on perçoit une chose par les sens corporels de deux manières : par elle-même ou par accident. On sent par soi ce qui peut par soi imprimer au sens corporel une modification. Une chose peut par elle-même imprimer une modification à un sens considéré comme tel, ou à tel sens selon sa fonction propre. Ce qui modifie par soi un sens de la seconde manière est appelé le sensible propre, comme la couleur par rapport à la vue et le son par rapport à l'ouïe. Car le sens, comme tel, se servant d'un organe corporel ne peut rien recevoir en lui sinon corporellement; puisque tout ce qui est reçu dans un sujet est en lui selon la manière d'être de celui qui le reçoit. C'est pourquoi toutes les choses sensibles modifient les sens comme tels, en raison de la grandeur qu'elles ont. C'est pour cela que la grandeur et tout ce qui s'ensuit, comme le mouvement, le repos, le nombre, etc., sont appelés des choses sensibles communes, mais qui sont sensibles par elles-mêmes. On sent par accident ce qui n'imprime pas de modification aux sens, ni comme sens en général, ni comme sens particulier, mais ce qui est uni aux choses qui modifient les sens par elles-mêmes; comme Socrate, le fils de Diarès, ami, et autres choses semblables qui sont connues par elles-mêmes en général par l'intellect, et qui sont connues en particulier par la pensée dans l'homme et

M. Lachat (vol. XVI, p. 160, 161).

Une chose est perçue par un sens corporel de deux manières, ou de soi ou par accident. Une chose est perçue de soi par un sens corporel quand de soi elle peut agir sur les sens. Or une chose peut agir sur un sens parce que c'est un sens, ou bien agir sur tel sens en particulier, parce qu'en effet il est tel. Ce qui agit de cette seconde manière sur un sens est appelé son objet propre ; ainsi la couleur par rapport à la vue, le son par rapport à l'ouïe. Mais comme le sens, en tant que sens, s'exerce au moyen d'un organe corporel, c'est uniquement d'une manière corporelle qu'il peut percevoir une chose; car, comme nous l'avons dit si souvent, une chose n'est reçue dans une autre que selon le mode de celle-ci. Dès lors, toutes les choses sensibles, par la raison qu'elles possèdent ou forment une quantité, doivent agir sur le sens en tant qu'il est sens. Voilà pourquoi la grandeur ou la quantité et toutes les choses qui en sont la conséquence, comme le mouvement, le repos, le nombre, se nomment objets sensibles communs, mais objets sensibles de soi. Par accident le sens perçoit une chose qui n'agit pas sur lui ni en tant qu'il est sens, ni en tant qu'il est tel sens en particulier, mais parce qu'elle se trouve unie à une autre chose qui agit sur les sens; ainsi nous voyons un homme, et nous reconnaissons Socrate, le fils de Diarès, un ami, et autres

in particulari autem, à virtute cogitativa in homine, æstimativa autem in aliis animalibus. Hujusmodi autem tunc sensus exterior dicitur sentire, quamvis per accidens, quando ex eo quod per se sentitur, vis apprehensiva (cujus illud est cognitum per se cognoscere (statim et sine dubitatione et discursu apprehendet; sicut videmus aliquem vivere ex hoc quod loquitur. Quando autem aliter se habet, non dicitur illud sensus videre etiam per accidens. Dico ergo quòd Deus nullo modo potest videri visu corporali, aut aliquo sentiri sensu, sicut per se visibilis, nec hic nec in patria; quia si à sensu removeatur id quod convenit sensui in quantum est sensus, non erit sensus; et similiter, si à visu removeatur illud quod est visus in quantum est visus, non erit visus. Cùm ergo sensus, in quantum est sensus, percipiat magnitudinem, et visus, in quantum est talis sensus, percipiat colorem, impossibile est quòd visus percipiat aliquid quod non est color nec magnitudo, nisi sensus diceretur æquivocè. Cùm ergo visus et sensus sit futurus idem specie in corpore glorioso qui erat in corpore non glorioso, non poterit esse quòd divinam essentiam videat, sicut visibile per se. Videbit autem eam sicut visibile per accidens, dum, ex parte una, visus corporalis tantam gloriam Dei inspiciet in corporibus et præcipuè gloriosis (et maximè in corpore Christi), et ex parte alia, intellectus tam clarè Deum videbit quòd in rebus corporaliter visis Deus percipietur, sicut in locutione percipitur vita. Quamvis enim tunc intellectus noster non videat Deum ex creaturis, tamen videbit Deum in creaturis corporaliter visis. Et hunc modum

par l'estimative dans les autres animaux. Alors on dit que les sens extérieurs sentiront de la sorte, quoique par accident, quand par suite ce qui est senti par lui-même, la puissance perceptive (à laquelle il appartient de connaître ce qui est connu par lui-même) perçoit immédiatement, sans douter, sans raisonner : c'est ainsi que nous voyons que quelqu'un vit par là même qu'il parle. Quand il en est autrement, on ne dit pas que les sens voient cela même par accident. — Je dis donc que Dieu ne peut être vu d'aucune manière par la vue du corps, ou qu'il ne peut être senti par les sens, comme une chose visible par elle-même, ni ici-bas, ni dans le ciel. Car si on éloigne du sens ce qui convient aux sens, comme tel, il n'y aura plus de sensation, et de même si on éloigne de la vue ce qui convient à la vue, comme telle, il n'y aura plus de vision. Par conséquent, puisque les sens comme tels perçoivent la grandeur, et que la vue, comme telle, perçoit la couleur, il est impossible que la vue perçoive quelque chose qui n'est ni couleur, ni grandeur; à moins que le mot sens ne se prenne équivoquement. Par conséquent puisque la vue et les sens doivent être spécifiquement la même chose dans le corps glorieux que ce qu'ils étaient dans le corps qui ne l'est pas, il ne pourra pas se faire que la vue voie l'essence divine comme une chose visible par elle-même, mais elle la verra comme une chose visible par accident, de sorte que la vue corporelle verra tellement la gloire de Dieu dans les corps et surtout dans les corps glorieux, et principalement dans le corps du Christ, et de l'autre l'intellect verra Dieu si clairement qu'on le percevra dans les choses qu'on verra corporellement de la même manière qu'on perçoit la vie dans la parole. C'est ainsi que saint

choses semblables, qui dans leur universalité sont essentiellement perçues par l'intellect, et le sont en particulier par la pensée chez l'homme, par le discernement instinctif chez les bêtes. On dit bien que ces choses sont du ressort des sens extérieurs, quoiqu'elles ne ressortent que d'une manière accidentelle de ce qui frappe les sens; la puissance d'aperception à laquelle il appartient de connoître les choses de cette nature, dégage cette connoissance instantanément, sans hésiter et sans discourir; tout comme, par exemple, nous voyons qu'un homme vit par cela même que nous l'entendons parler. Mais quand il n'en est plus ainsi, on ne peut pas dire que nos sens perçoivent une chose même par accident. Cela posé, je dis que Dieu ne peut en aucune façon tomber sous notre vue corporelle, ou bien être perçu par un autre sens quelconque, comme un objet visible de soi, pas plus au ciel que sur la terre; car si vous ôtez au sens ce qui précisément le constitue dans sa nature de sens, ce n'est plus un sens que vous aurez; et pareillement, si vous ôtez à la vue ce qui en fait l'essence, vous pourrez bien avoir autre chose, mais vous n'aurez pas la vue. Puis donc que le sens, comme tel, perçoit la grandeur ou la quantité, et que la vue, comme étant tel sens en particulier, perçoit la couleur, il est impossible que la vue perçoive une chose qui n'a ni couleur ni quantité; il faudroit, pour pouvoir dire le contraire, parler par métaphore ou par analogie. Par conséquent, comme la vue et les autres sens doivent rester dans les corps glorieux spécifiquement la même chose qu'ils sont dans les corps non glorieux, il ne se peut pas que notre vue perçoive la divine essence, comme un objet visible de soi. Elle la verra néanmoins d'une manière accidentelle, puisque, d'une part, les yeux de notre corps seront comme éblouis

Texte latin.

quo Deus corporaliter possit videri, Augustinus ponit in fine *De Civitate Dei*, ut patet ejus verba intuenti; dicit enim sic : « Valde credibile est sic nos esse visuros mundana tunc corpora cœli novi et terræ novæ, ut Deum ubique præsentem et universa etiam corporalia gubernantem clarissimâ perspicuitate videamus; non sicut nunc invisibilia Dei per ea quæ facta sunt intellecta conspiciuntur, sed sicut homines mox ut aspicimus, non credimus vivere, sed videmus. »

Ad primum ergo dicendum, quòd verbum illud Job intelligitur de oculo spirituali; de quo dicit Apostolus, *Ephes.*, V : « Illuminatos habere oculos cordis nostri; » sicut explicat Augustinus (lib. XXII. *De civitate Dei*, cap. 19, et Epist. CXII, cap. 15).

Ad secundum dicendum, quòd illa auctoritas non sic intelligitur, quòd per oculos carnis

M. Drioux (vol. VIII, p. 626, 628)

Augustin détermine la manière dont Dieu pourra être vu corporellement, comme on le voit en méditant ses paroles (*De civ. Dei*, lib. ult. cap. 29). Il est très-croyable, dit-il, que nous considérerons alors les corps du ciel nouveau et de la terre nouvelle de manière que nous voyions avec l'évidence la plus éclatante Dieu présent partout et gouvernant toutes les choses corporelles, non comme les attributs invisibles de Dieu nous sont actuellement manifestés par les choses qu'il a faites, mais comme nous voyons sans faire un acte de foi que les hommes sont vivants aussitôt que nous les apercevons.

Il faut répondre au *premier* argument, que ce passage de Job s'entend de l'œil spirituel dont l'Apôtre dit (*Eph.* 1, 18) : *Qu'il éclaire les yeux de notre cœur.*

Il faut répondre au *second*, que ce passage ne signifie pas que nous devons voir Dieu par les yeux

M. Lachat (vol. XVI, p. 160, 164).

de la gloire immense qui brillera dans le monde matériel, spécialement dans le corps des élus et par-dessus tout dans celui du Christ; et que, d'autre part, notre intellect verra Dieu avec tant de clarté que nous ne cesserons de le contempler encore dans le spectacle du monde renouvelé, tout comme à travers la parole nous apercevons la vie. Ce n'est pas que notre intellect voie Dieu par les créatures; mais il le voit dans les splendeurs qu'elles déploient à ses regards. Cette sorte de vision corporelle de Dieu, saint Augustin l'admet, *De Civit. Dei*, lib. ult, 29, comme on peut s'en convaincre en examinant de près ses paroles; car voici comment il s'exprime : « On ne saurait douter que lorsque nous contemplerons les créatures extérieures et visibles dont seront composés ces nouveaux cieux et cette terre nouvelle, nous y verrons de la manière la plus éclatante, Dieu présent partout et gouvernant tout; ce ne sera plus comme dans la vie présente, où néanmoins *les choses invisibles de Dieu nous deviennent en quelque sorte visibles par le spectacle des créatures*; mais ce sera quelque chose de semblable à ce qui se passe en nous; sitôt que nous apercevons un homme, nous ne croyons pas à sa vie, nous la voyons. »

Je réponds aux arguments : 1° cette parole de Job s'applique à la vue de l'esprit, dont l'Apôtre dit, *Ephes.*, 1, 18 : « Que Dieu illumine les yeux de votre cœur. Et c'est ainsi que l'entend également saint Augustin, *De Civit. Dei*, XXII, 19, et *Epist.* CXII. 15.

2° Le texte invoqué dans cette seconde objection ne signifie pas que nous devions voir Dieu par les

Deum simus visuri, sed quia in carne existentes, Deum videbimus.

Ad tertium dicendum, quòd Augustinus loquitur inquirendo in verbis illis, et sub conditione; quod patet ex hoc quod præmisit : « Longè itaque alterius erunt potentiæ, si per eos videbitur incorporea illa natura. » Et postea subdit : « Vis itaque, etc. » Postmodum determinat, ut dictum est.

Ad quartum dicendum, quòd omnis cognitio fit per aliquam abstractionem à materia. Et ideò, quantò forma corporalis magis abstrahitur à materia, tantò magis est principium cognitionis. Et inde est quòd forma in materia existens nullo modo est cognitionis principium; in sensu autem, aliquo modo, prout à materia separetur; et in intellectu nostro, adhuc meliùs. Et ideo oculus spiritualis, à quo removetur impedimentum cognitionis, potest videre rem corporalem. Non autem sequitur quòd oculus corporalis, in quo deficiet vis cognitiva secundum quod participat de materia, possit cognoscere perfectè cognoscibilia, quæ sunt incorporea.

Ad quintum dicendum, quòd quamvis mens facta carnalis non possit cogitare nisi accepta à sensibus, tamen ea cogitat immaterialiter. Et similiter oportet quòd visus illud quod appre-

de la chair, mais que nous le verrons étant dans notre chair.

Il faut répondre au *troisième*, que saint Augustin parle ainsi sous forme de recherches et sous condition; ce qui est évident d'après ce qu'il dit auparavant : ils seront d'une puissance bien différente, si l'on voit par leur intermédiaire la nature incorporelle. Et puis il ajoute : La force, etc., ensuite il décide comme nous l'avons dit (*in corp. art.*).

Il faut répondre au *quatrième*, que toute connaissance est produite par une abstraction de la matière. C'est pourquoi plus une forme corporelle est abstraite de la matière et plus elle est un principe de connaissance. D'où il suit qu'une forme qui existe dans la matière n'est d'aucune façon le principe de la connaissance, mais la forme qui existe dans les sens est le principe de la connaissance d'une certaine manière, selon qu'elle est séparée de la matière; et celle qui existe dans notre intellect l'est encore plus parfaitement. C'est pourquoi l'œil spirituel qui n'est pas gêné dans son acte peut voir une chose corporelle; mais il ne s'ensuit pas que l'œil corporel qui manque de la puissance cognitive selon qu'il participe à la matière, puisse connaître parfaitement les choses incorporelles qui sont susceptibles d'être connues.

Il faut répondre au *cinquième*, que quoique l'esprit devenu charnel, ne puisse penser qu'aux choses qu'il reçoit des sens, cependant il les pense d'une manière immatérielle. De même il faut que la vue

yeux du corps, mais bien que nous le verrons, quoique nous ayons repris notre enveloppe corporelle.

3° En cet endroit saint Augustin procède par tâtonnements et parle simplement d'une manière conditionnelle; et c'est ce qui paraît clairement par les paroles qui précèdent le texte cité : « Leurs yeux seront d'une tout autre puissance, s'ils peuvent voir cette nature incorporelle.... » Puis il ajoute : « Une force supérieure.... » Et enfin il décide la question comme nous l'avons vu.

4° Toute connaissance a lieu par une sorte d'abstraction à l'égard de la matière. Plus donc la forme corporelle est dégagée de la matière par abstraction, plus elle fournit un principe sûr de connaissance. Et de là vient que la forme existant dans la matière ne peut en aucune façon être un principe de connaissance, tandis qu'elle le peut d'une certaine façon quand elle est dans l'un de nos sens, étant là déjà séparée de la matière; et beaucoup mieux encore quand elle est dans notre intellect. Voilà comment notre œil spirituel, délivré de ce qui fait obstacle à la connaissance, peut voir un objet corporel. Mais il ne suit pas de là que notre œil corporel, dont la puissance d'aperception est toujours plus ou moins entravée par la matière, puisse connaître ce qui est parfaitement susceptible d'être connu, à savoir les choses incorporelles.

5° Bien qu'une âme devenue charnelle ne puisse rien penser qui ne lui vienne des sens, sa pensée néanmoins est toujours une chose immatérielle. Il faut également que la vue saisisse toujours d'une

hendit, semper apprehendat corporaliter. Unde non potest cognoscere illa quæ corporaliter apprehendi non possunt.

Ad sextum dicendum, quòd beatitudo est perfectio hominis, in quantum est homo. Et quia homo non habet quòd sit homo ex corpore, sed magis ex anima, corpora autem sunt de essentia hominum, in quantum sunt perfecta per animam; ideo beatitudo hominis non consistit principaliter nisi in actu animæ, et ex eâ derivatur ad corpus per quamdam redundantiam, sicut patet ex his quæ dicta sunt, IV. *Sent.*, distinct. XLIV, qu. 2, art. 4. Quædam tamen beatitudo corporis nostri erit, in quantum Deum videbit in sensibilibus creaturis, et præcipue in corpore Christi.

Ad septimum dicendum, quòd intellectus est perceptivus spiritualium, non autem visus corporalis. Et ideo intellectus poterit cognoscere divinam essentiam sibi conjunctam, non autem visus corporalis.

ARTICULUS III.

Utrùm sancti Deum videntes, omnia videant quæ Deus videt.

Ad tertium sic proceditur. Videtur quòd sancti videntes Deum per essentiam, omnia videant quæ Deus in seipso videt. Quia, sicut

---

percoive toujours corporellement ce qu'elle perçoit. Elle ne peut donc pas connaître ce qui ne peut pas être perçu corporellement.

Il faut répondre au *sixième*, que la béatitude est la perfection de l'homme, comme tel. Et parce que l'homme n'est pas homme en vertu de son corps, mais plutôt en vertu de son âme, et que les corps sont de l'essence des hommes selon qu'ils sont animés par l'âme; il s'ensuit que la béatitude de l'homme ne consiste principalement que dans l'acte de l'âme et qu'elle découle d'elle sur le corps par une sorte de surabondance, comme on le voit d'après ce que nous avons dit (*Quest.*, LXXXV, art. 1). Cependant cette béatitude appartiendra à notre corps dans le sens qu'il verra Dieu dans les créatures sensibles et surtout dans le corps du Christ.

Il faut répondre au *septième*, que l'intellect est apte à percevoir les choses spirituelles, tandis qu'il n'en est pas de même de la vue corporelle. C'est pourquoi l'intellect pourra connaître l'essence divine qui lui est unie, tandis qu'il n'en est pas de même de la vue du corps.

ARTICLE III.

Les saints en voyant Dieu voient-ils tout ce que Dieu voit?

1. Il semble que les saints qui voient Dieu dans son essence voient tout ce que Dieu voit en lui. Car, comme le dit saint Isidore (*De sum. bono*, liv. I,

---

manière corporelle n'importe quel objet tombant sous son action. Elle ne peut donc pas percevoir ce qui ne sauroit l'être d'une manière corporelle.

6° La béatitude est la perfection de l'homme considéré comme tel. Et comme ce n'est pas par le corps que l'homme est homme, mais bien par l'âme, et comme en outre le corps ne rentre dans l'essence de l'être humain qu'en tant que ce corps est perfectionné par l'âme, la béatitude de l'homme consiste avant tout et principalement dans l'acte de l'âme, d'où elle dérive et rejaillit ensuite sur le corps, comme cela est expliqué (*Sent.*, IV, 44). Il y aura cependant pour notre corps une certaine béatitude à voir Dieu dans la splendeur des créatures et surtout dans le corps même du Christ.

7° L'intellect peut percevoir les choses spirituelles, tandis que la vue corporelle ne le peut pas. Voilà pourquoi celui-là seul est susceptible de voir l'essence divine et d'entrer en union avec elle.

ARTICLE III.

Les saints qui jouissent de la vision intuitive voient-ils tout ce que Dieu voit?

Il paroît que les saints, par cela même qu'ils voient Dieu dans son essence, voient tout ce que Dieu voit en lui-même. 1° Saint Isidore, dans son

Isidorus in lib. *De summo bono* dicit, « Angeli in Verbo Dei omnia sciunt antequàm fiant. » Sed sancti Angelis Dei æquales erunt, ut patet *Matth.*, XXII. Ergo et sancti videndo Deum omnia vident.

2. Præterea, Gregorius in IV. *Dialog.* dicit : « Quia illic omnes communi claritate Deum conspiciunt, quid est quod ibi nesciant, ubi scientem omnia sciunt? » Loquitur autem de beatis, qui Deum vident per essentiam. Ergo qui vident Deum per essentiam, omnia cognoscunt.

3. Præterea, sicut dicitur in III. *De anima* (text. 7), « intellectus cùm intelligit maxima, magis potest intelligere minima. » Sed maximum intelligibile est Deus. Ergo maximè auget virtutem intellectûs in intelligendo. Ergo intellectus eum videns omnia intelligit.

4. Præterea, intellectus non impeditur ab intelligendo aliquid, nisi in quantum illud superat ipsum. Sed intellectum Deum videntem nulla creatura superat; quia, ut dicit Gregorius in II. *Dialog.*, « animæ videnti Creatorem angusta fit omnis creatura. » Ergo videntes Deum per essentiam omnia cognoscunt.

5. Præterea, omnis passiva potentia quæ non est reducta ad actum, est imperfecta. Sed intellectus possibilis animæ humanæ est potentia quasi passiva ad cognoscendum omnia; quia « intellectus possibilis est, quo est omnia

cap. 12), les anges savent toutes les choses dans le Verbe de Dieu avant qu'elles arrivent. Or, les saints seront égaux aux anges, comme on le voit (*Matth.*, XXII). Les saints en voyant Dieu voient donc aussi toutes choses.

2. Saint Grégoire dit (*Dialog.* IV, cap. 35) : « Là nous voyons tous Dieu dans une clarté commune et qu'y a-t-il que l'on ignore là où l'on connaît celui qui sait toutes choses ? » Or, il parle des bienheureux qui voient Dieu dans son essence. Donc ceux qui voient Dieu dans son essence connaissent toutes choses.

3. Comme le dit Aristote (*De an.* lib. III, text. 7), puisque l'intellect comprend les plus grandes choses, à plus forte raison peut-il comprendre les plus petites. Or, ce qu'il y a de plus intelligible c'est Dieu. Donc la puissance de l'intellect s'accroît infiniment en le comprenant, et par conséquent en le voyant il comprend toutes choses.

4. L'intellect n'est empêché de comprendre une chose qu'autant que cette chose le surpasse. Or, aucune créature ne surpasse l'intellect qui voit Dieu; parce que, comme le dit saint Grégoire (*Dial.* lib. II, cap. 35), toute créature devient peu de chose pour une âme qui voit le Créateur. Donc ceux qui voient Dieu dans son essence connaîtront toutes choses.

5. Toute puissance passive qui n'est pas amenée à l'acte est imparfaite. Or, l'intellect possible de l'âme humaine est en quelque sorte la puissance passive de connaître toutes choses; parce que l'intellect possible est ce par quoi l'âme peut tout de-

traité du *souverain Bien*, L, 12, dit ceci : « Dans le Verbe de Dieu les anges connoissent toutes choses avant qu'elles arrivent. » Or les saints seront égaux aux anges, comme on le voit (*Matth.*, XXII.) Donc en voyant Dieu, les saints voient toutes choses.

2° Saint Grégoire dit (*Dialog.*, IV, 35 : « Comme là tous contemplent Dieu au sein de la même clarté, quelle est la chose qu'ils pourroient ne pas savoir, eux qui voient celui qui sait tout? » Or le saint Docteur parle ici des bienheureux, de ceux qui voient Dieu par essence. Donc ceux qui voient Dieu par essence connoissent tout.

3° « Un intellect qui connoît les plus grandes choses, peut beaucoup mieux connaître des petites, » *De anima*, III, 7. Or Dieu est le premier et le plus grand de tous les objets intelligibles. Donc il agrandit au plus haut point notre puissance intellective; et dès lors en le voyant nous connaîtrons toutes choses.

4° Il n'est qu'un obstacle qui empêche notre intellect de comprendre une chose, c'est quand cette chose le dépasse. Or aucune créature ne sauroit dépasser un intellect qui voit Dieu; car, comme le dit saint Grégoire, *Dialog.*, II, 35, « pour une âme qui voit Dieu toute créature est bien petite. » Donc ceux qui voient Dieu par essence connoissent tout.

5° Toute puissance passive qui n'est pas réduite en acte, demeure imparfaite. Or l'intellect possible de l'âme humaine est une puissance en quelque sorte passive vis-à-vis d'une connoissance quelconque, puisque l'intellect possible est défini, « ce qui est

fieri, » ut dicitur in III. *De anima*, text. 48. Si ergo in illa beatitudine non intelligeret omnia, remaneret imperfectus; quod est absurdum.

6. Præterea, quicumque videt speculum videt ea quæ in speculo relucent. Sed in Verbo Dei omnia sicut in speculo relucent, quia ipse est ratio et similitudo omnium. Ergo sancti qui vident Verbum per essentiam, vident omnia creata.

7. Præterea, ut dicitur *Proverb.*, X, « desiderium suum justis dabitur. » Sed sancti desiderant omnia scire, quia « omnes homines naturâ scire desiderant; » et natura per gloriam non aufertur. Ergo dabitur eis à Deo quòd omnia cognoscant.

---

venir, selon l'expression d'Aristote (*De an.* lib. III, text. 48). Si donc dans la béatitude l'intellect ne comprenait pas toutes choses, il resterait imparfait : ce qui est absurde.

6. Celui qui voit un miroir voit les choses qui s'y réfléchissent. Or, tout se réfléchit dans le Verbe de Dieu comme dans un miroir, parce qu'il est la raison et la ressemblance de toutes choses. Donc les saints qui voient le Verbe dans son essence, voient toutes les choses créées.

7. Il est dit (*Prov.* X, 24) *que les justes auront tout ce qu'ils désirent.* Or, les saints désirent tout savoir, car tous les hommes désirent naturellement la science, et la nature n'est pas détruite par la gloire. Dieu leur accordera donc de tout connaître.

---

apte à devenir toutes choses, » *De anima*, III, 18. Si donc l'intellect ne connoissoit pas toutes choses dans la celeste béatitude, c'est qu'il demeurercit imparfait, supposition évidemment absurde.

6º Quiconque voit un miroir, voit par là même les choses qui s'y reflètent. Or tous les êtres se reflètent dans le Verbe de Dieu comme dans un miroir, puisqu'il est lui-même la raison primordiale et le type de tous. Donc en voyant Dieu par essence, les saints voient aussi toutes les créatures.

7º Il est dit *Prov.* X, 24 : — « Les justes obtiennent l'objet de leur désir. » Or les saints doivent désirer de savoir toutes choses, par la raison que « tout homme désire naturellement de savoir, » et que la gloire ne détruit pas la nature. Donc ils obtiendront de Dieu de connoître toutes choses.

PARIS. — E. DONNAUD, IMPRIMEUR DE LA COUR IMPÉRIALE ET DES TRIBUNAUX, RUE CASSETTE, 9.

PARIS. — E. DONNAUD, IMPRIMEUR DE LA COUR IMPÉRIALE ET DES TRIBUNAUX,

RUE CASSETTE, 9.

www.ingramcontent.com/pod-product-compliance
Lightning Source LLC
Chambersburg PA
CBHW071520200326

41519CB00019B/6012